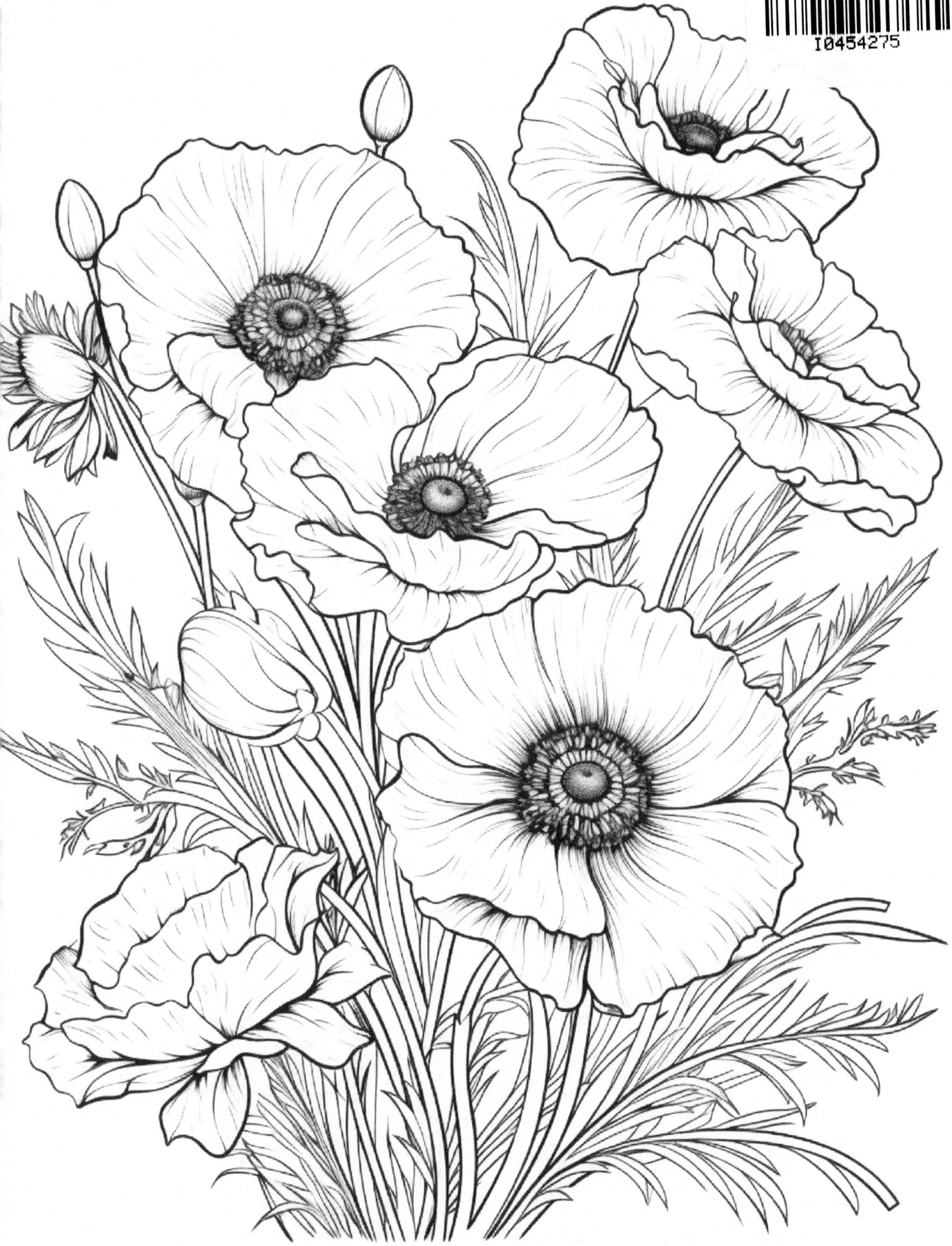

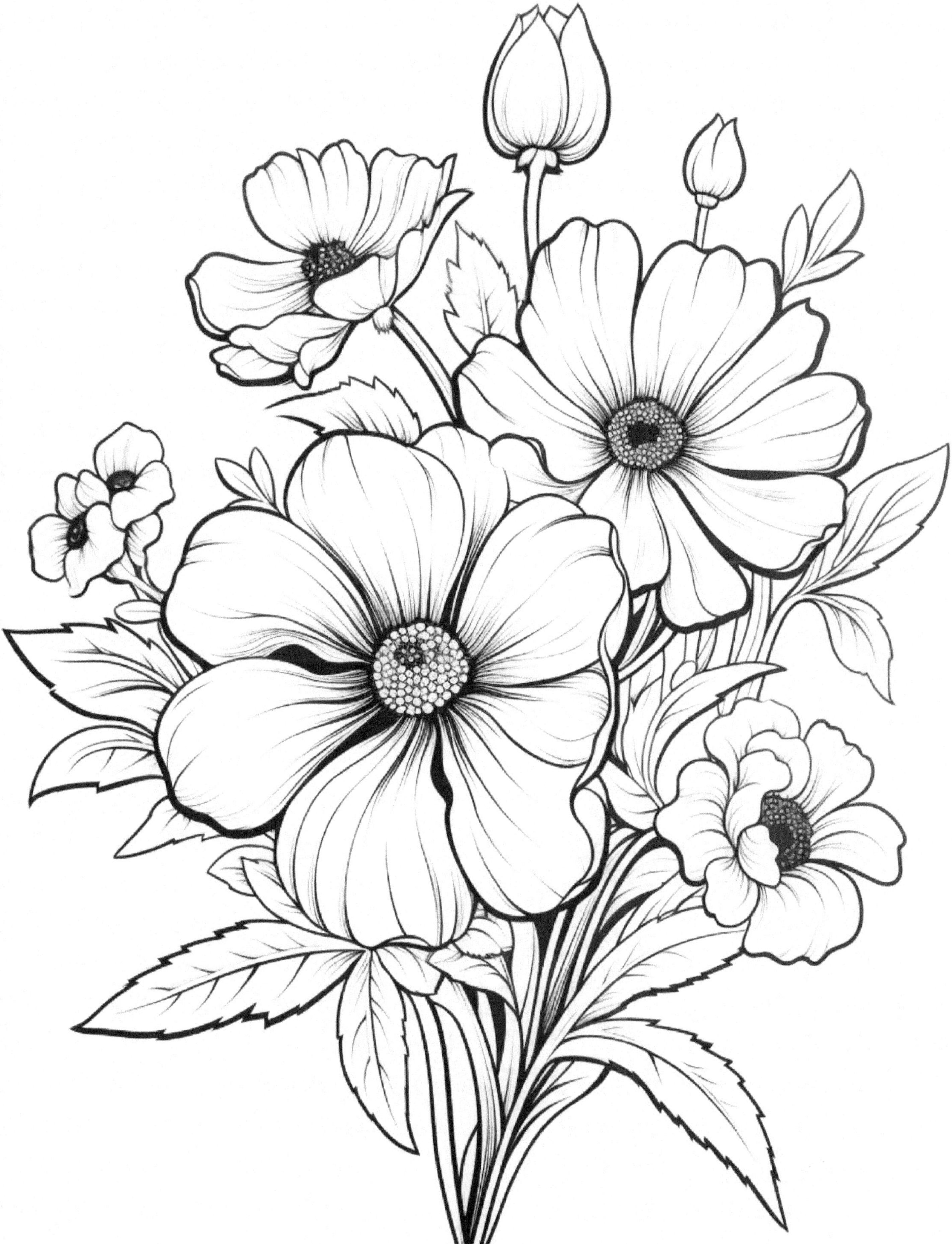

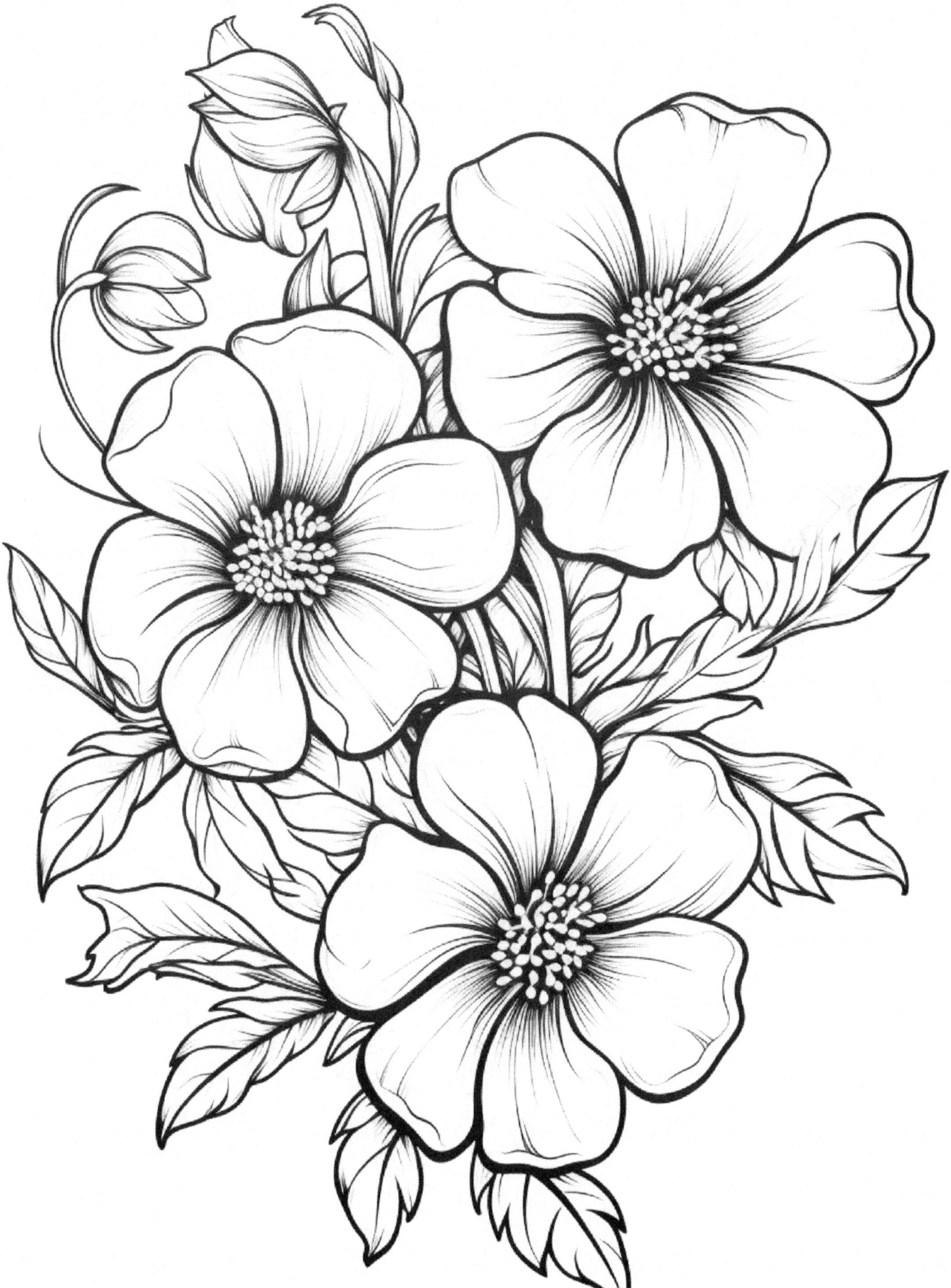

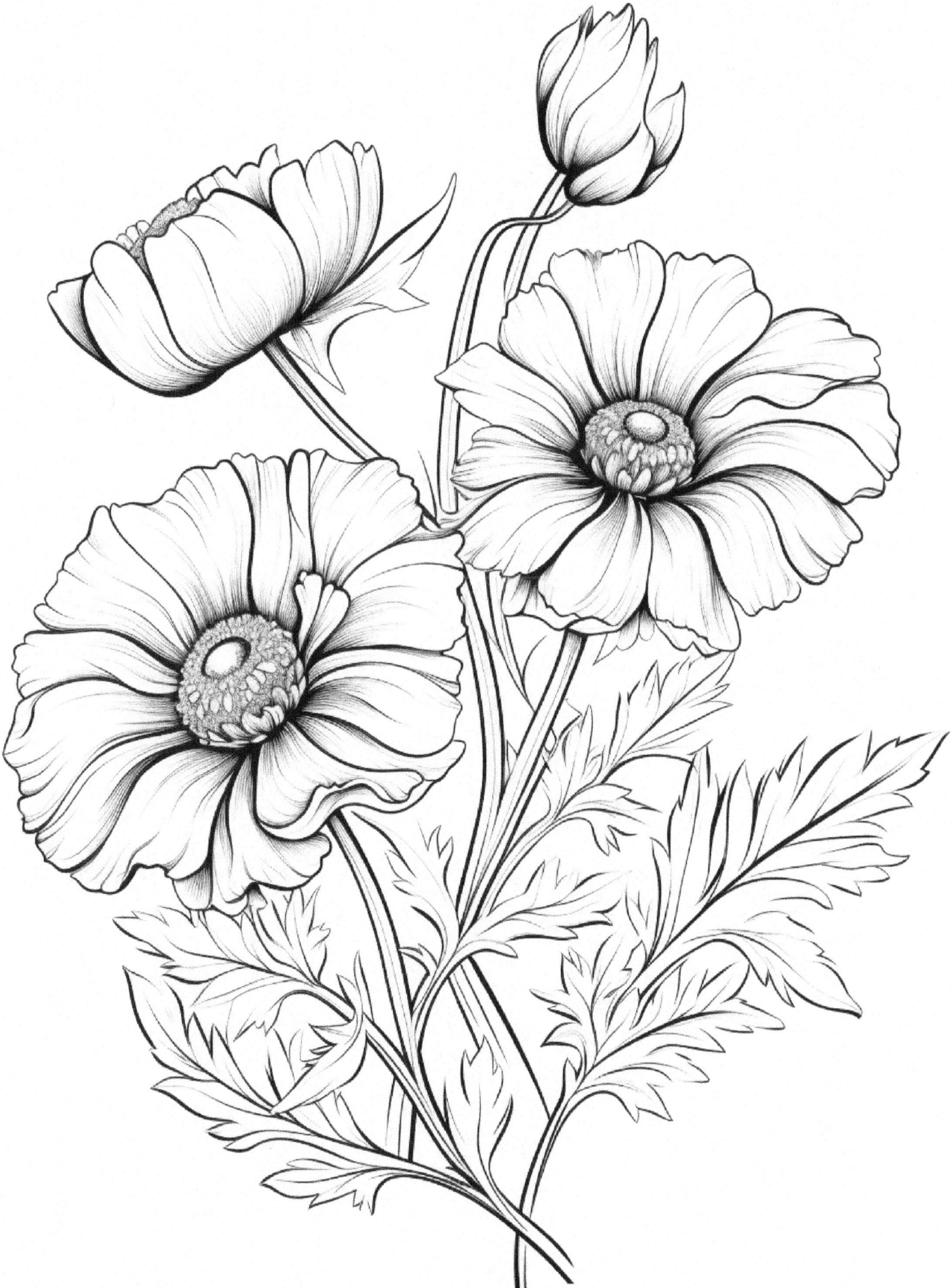

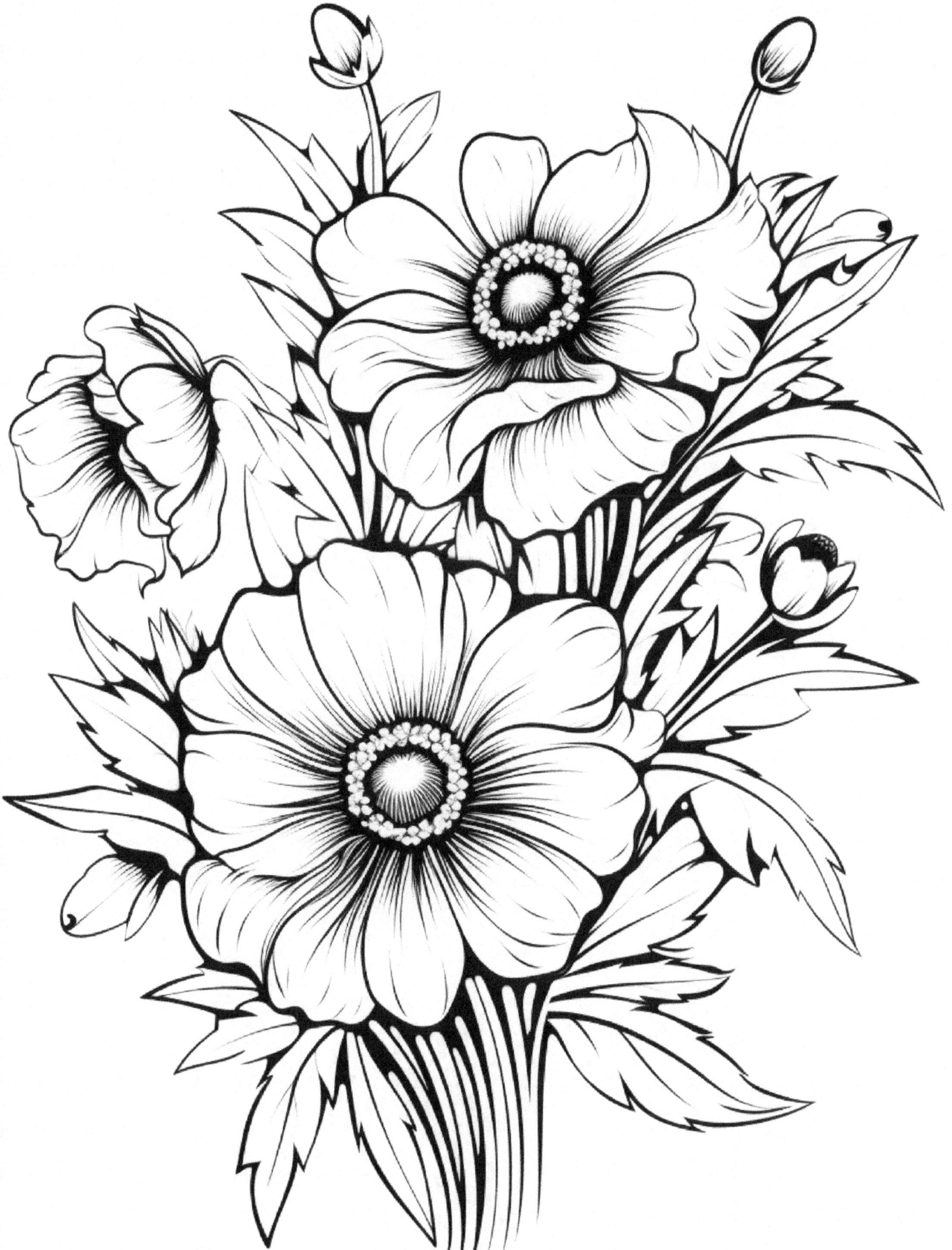

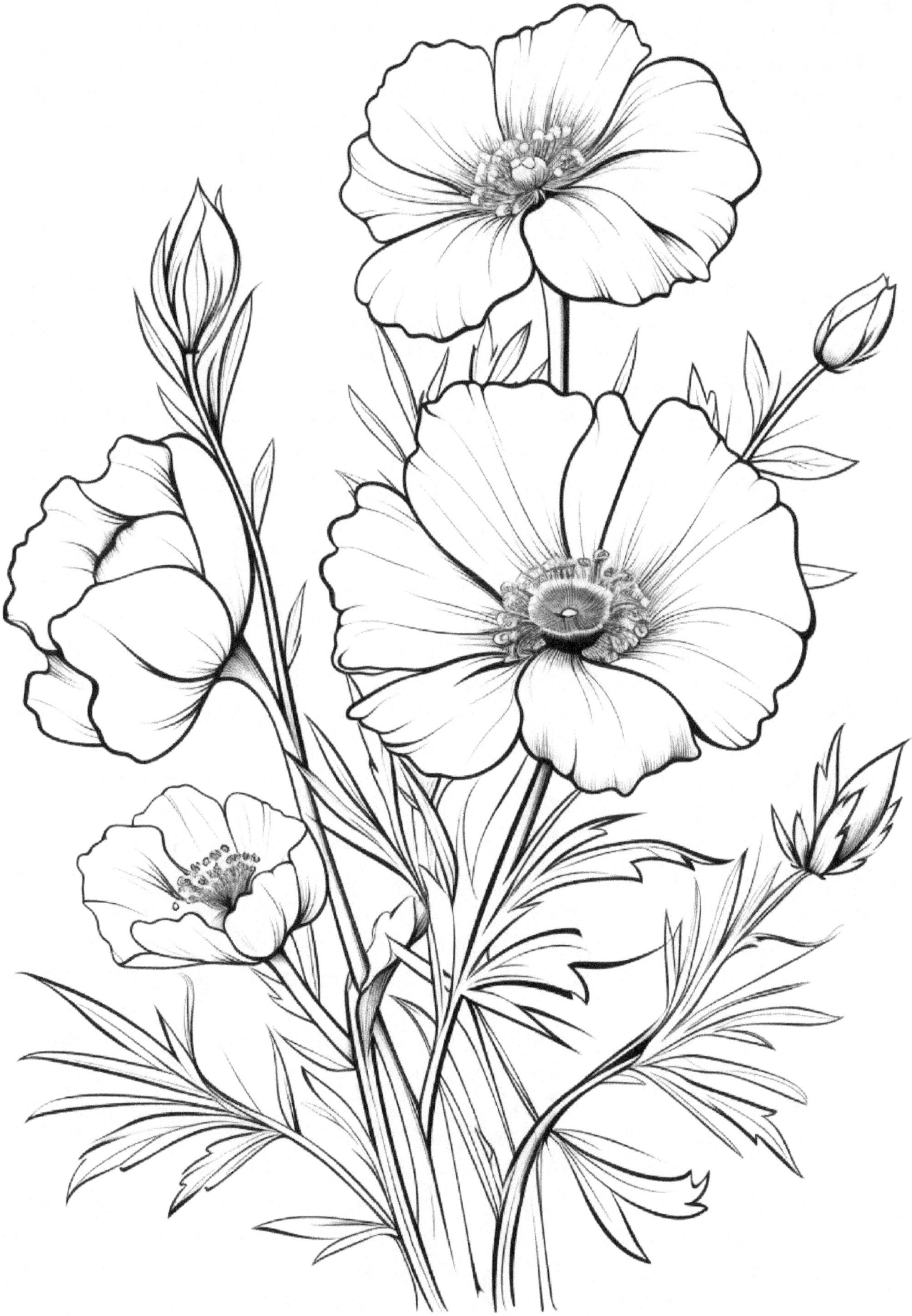

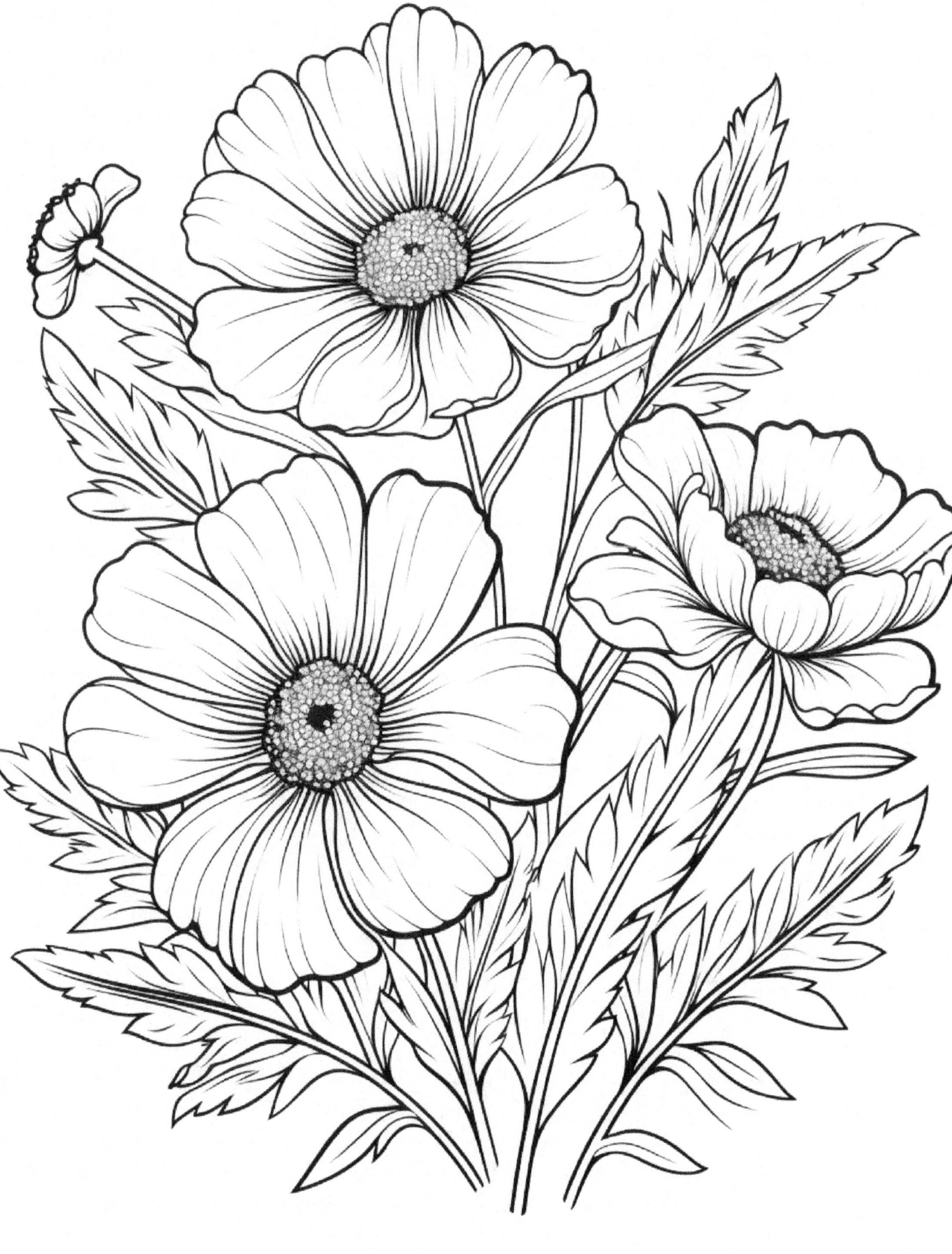

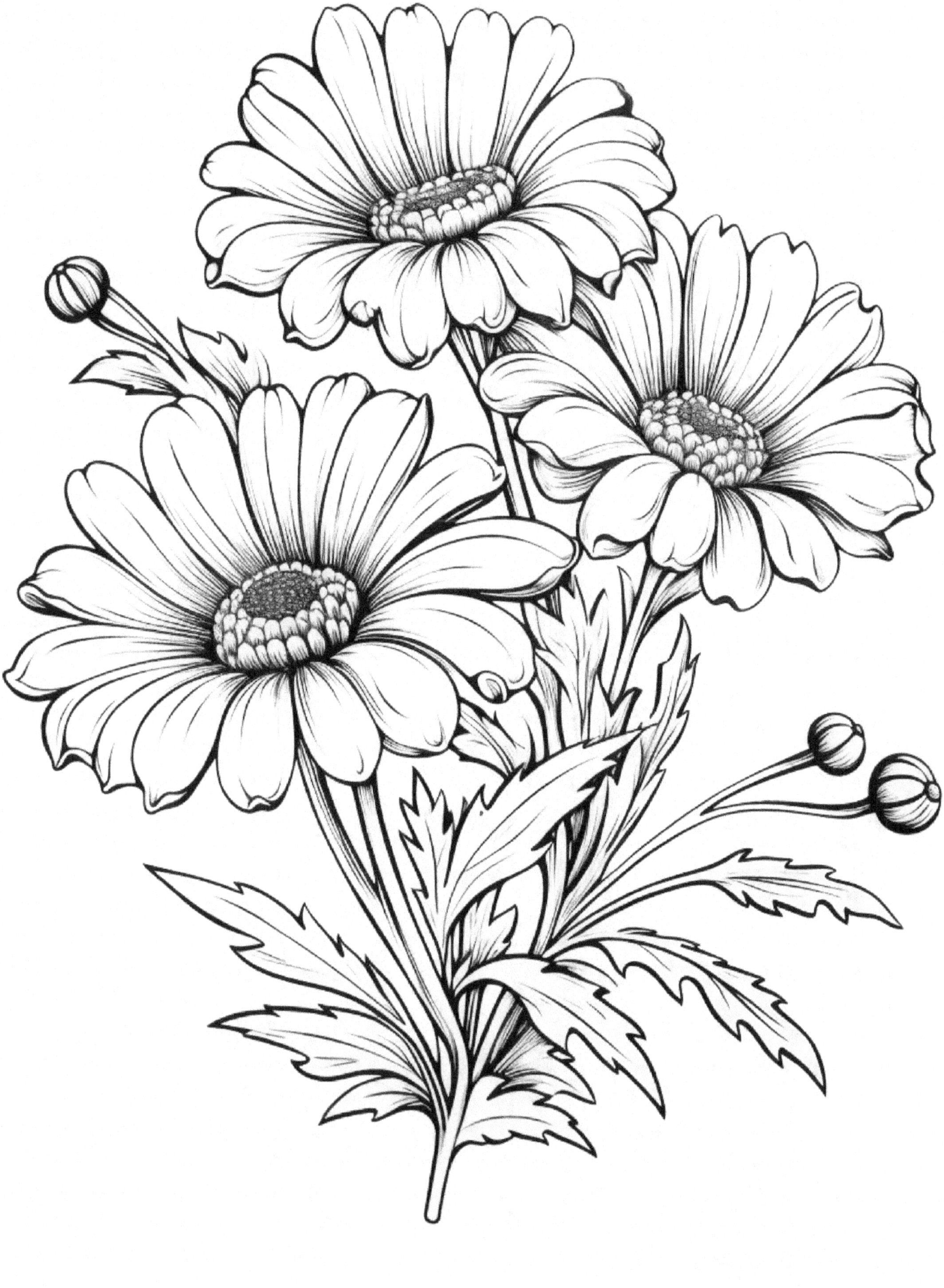

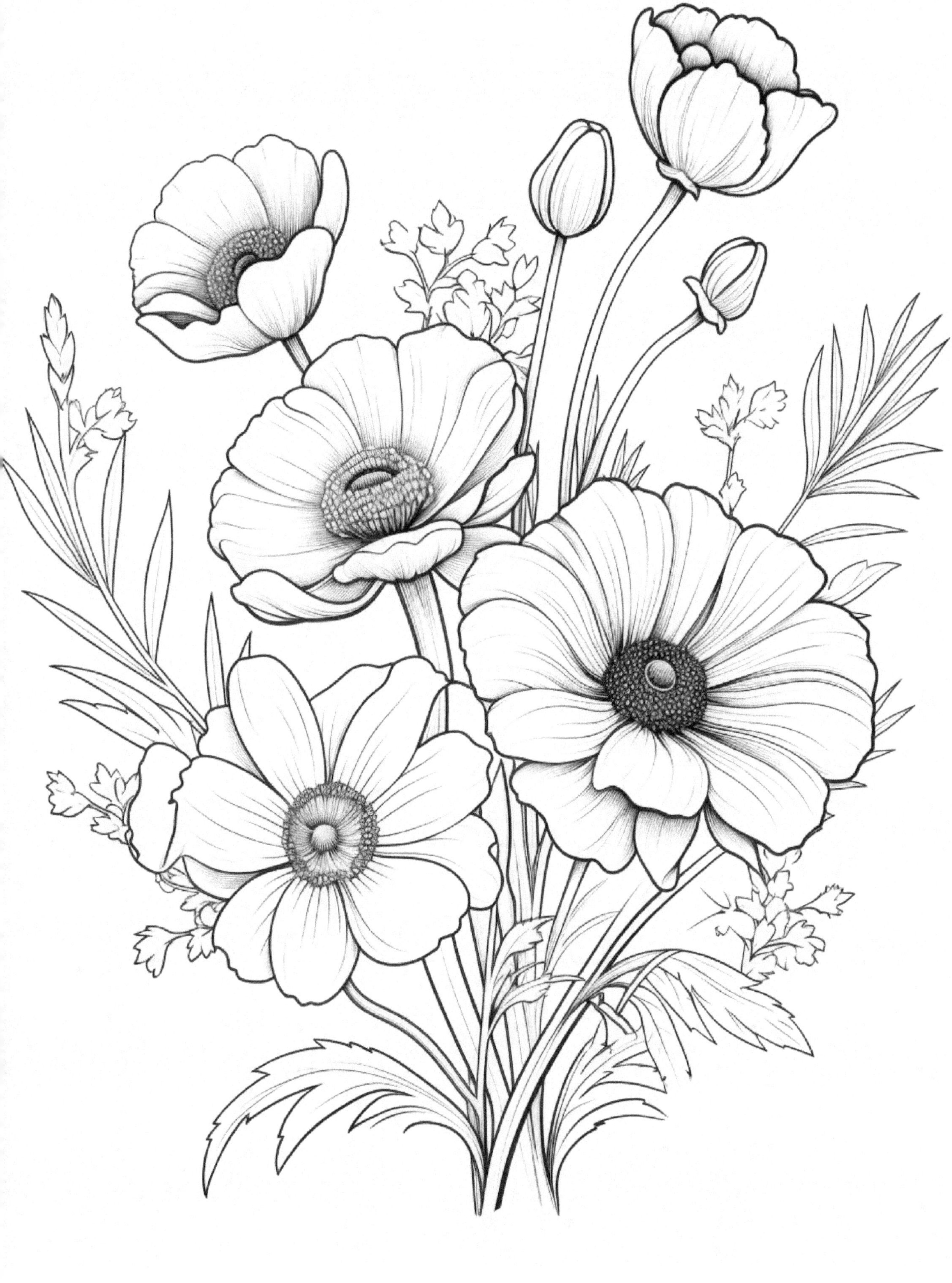

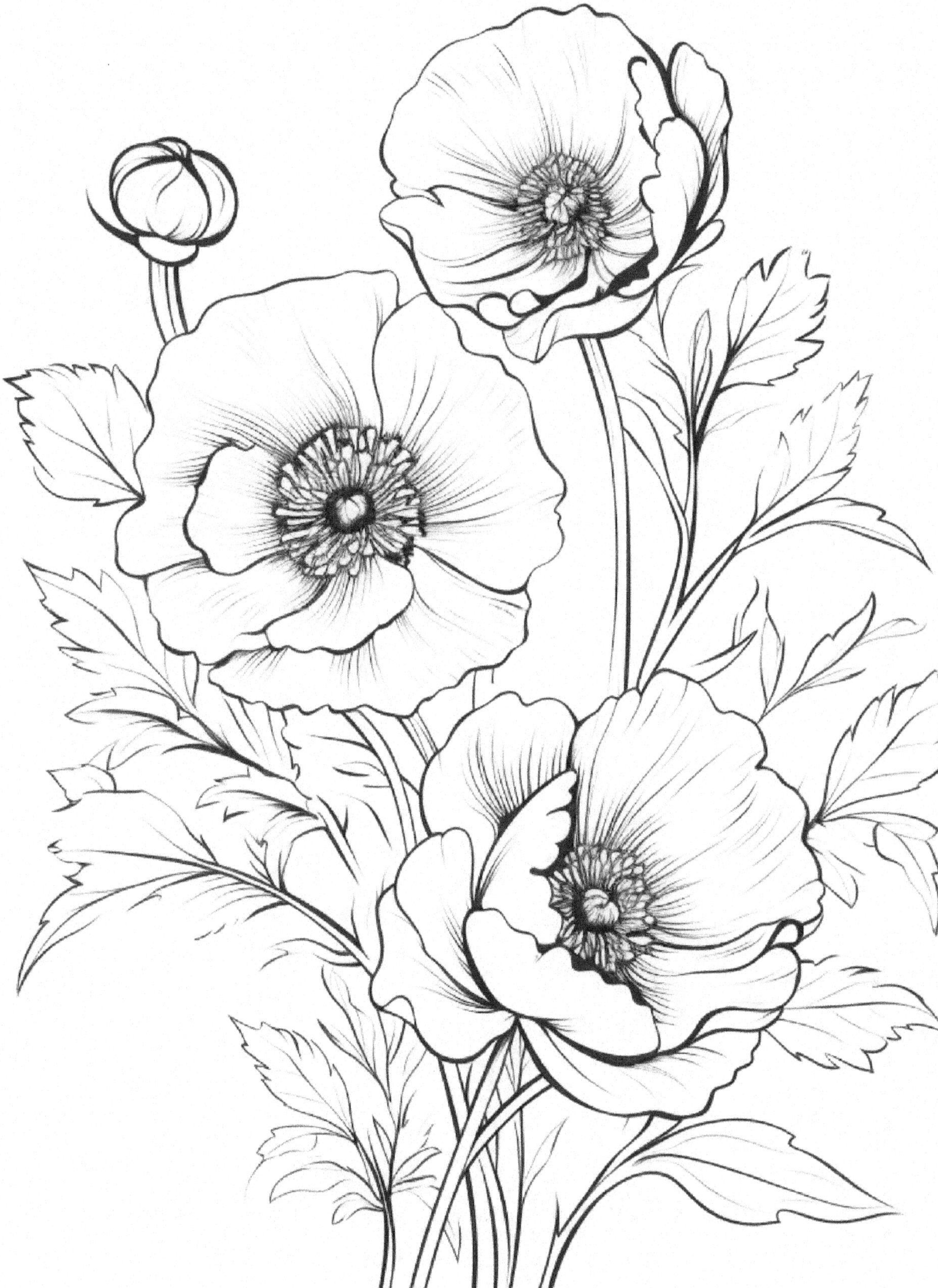

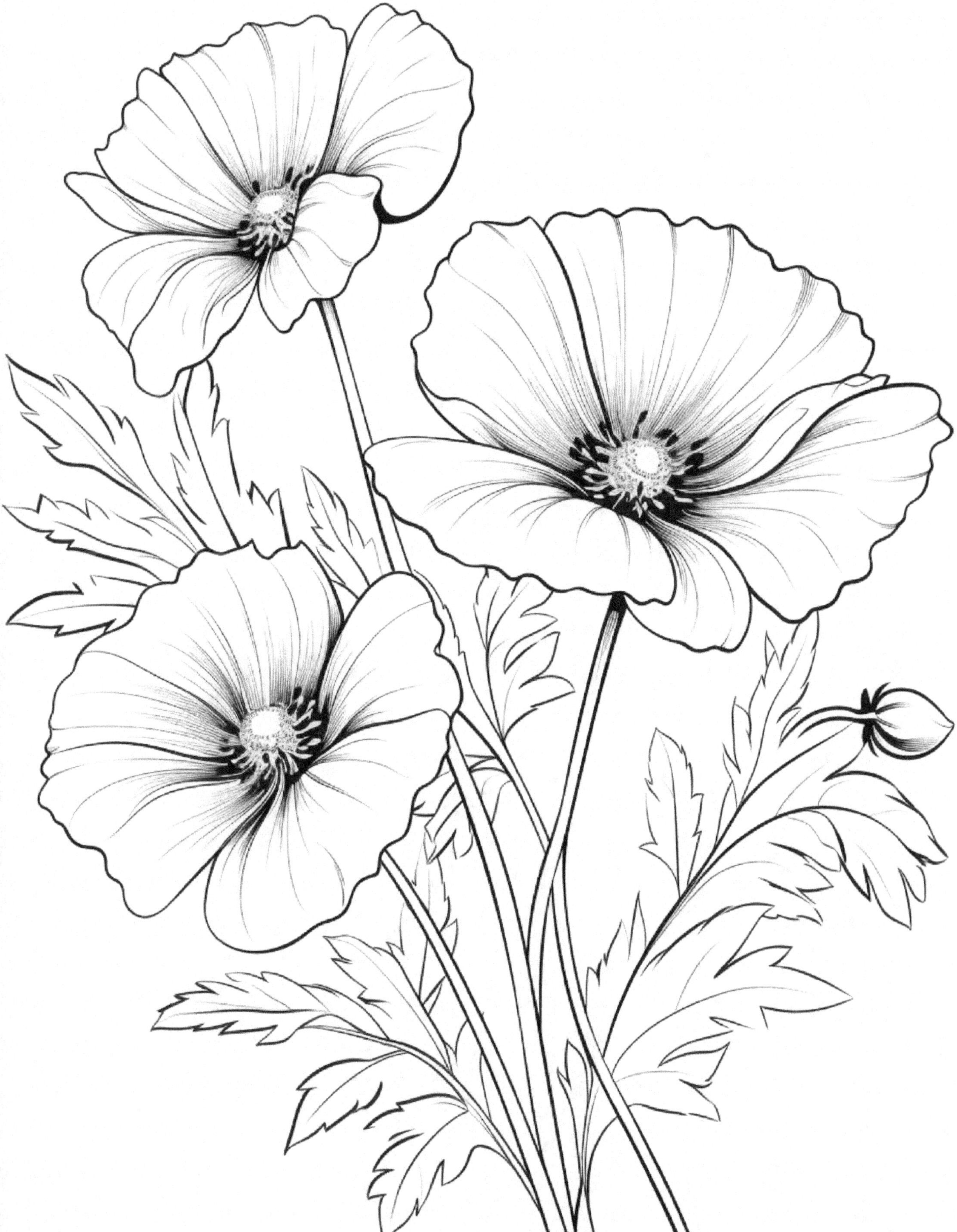

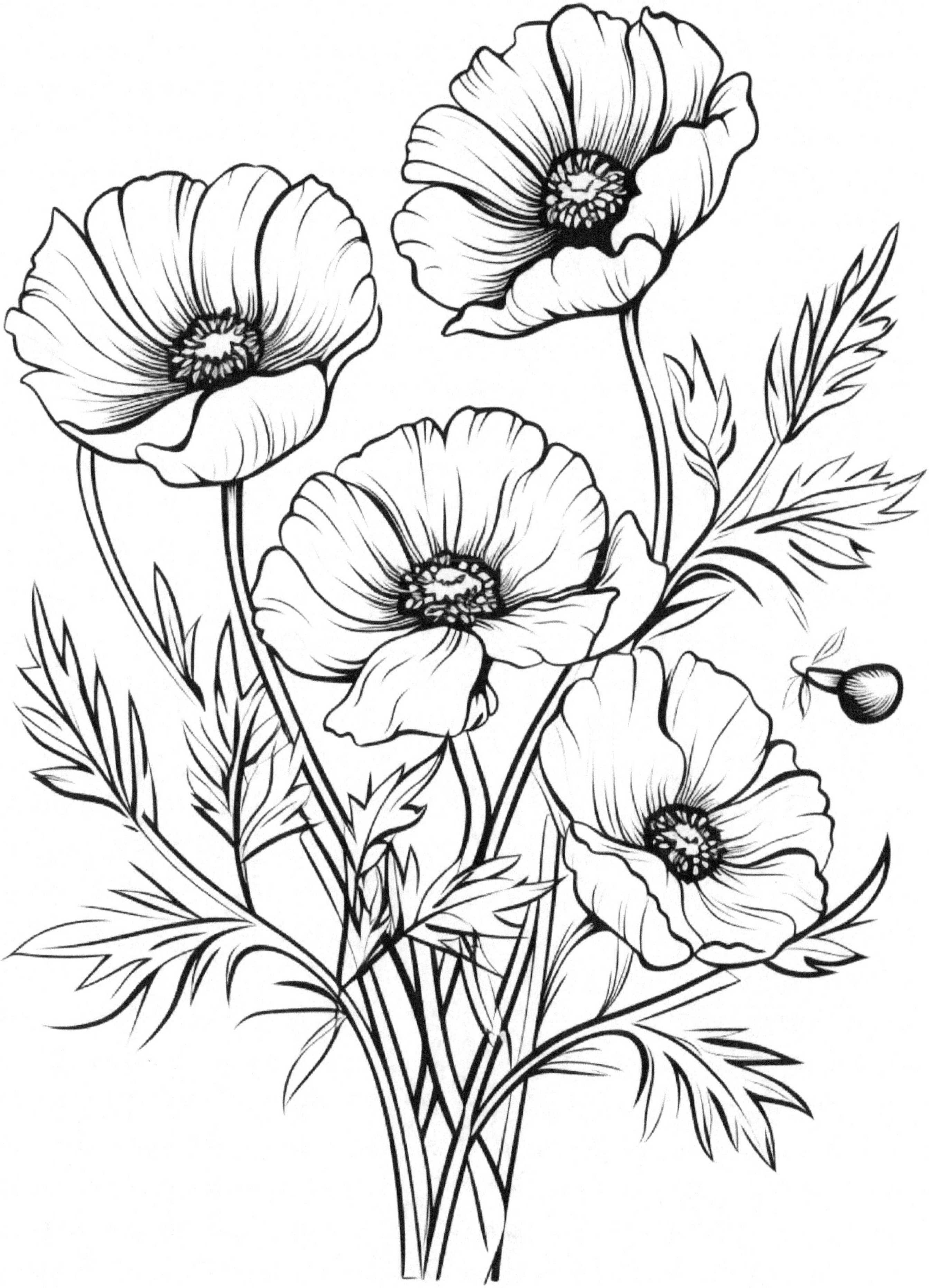

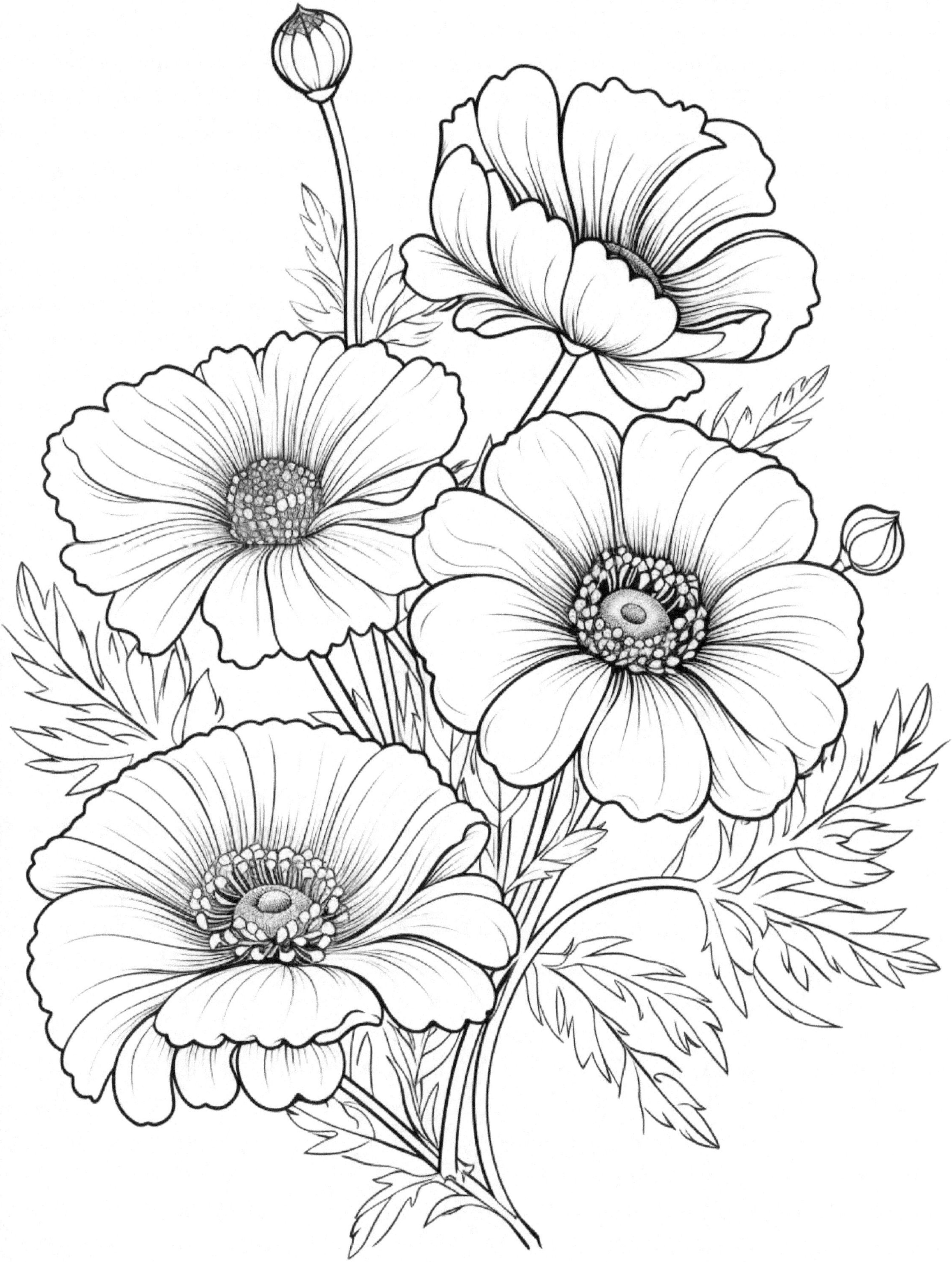

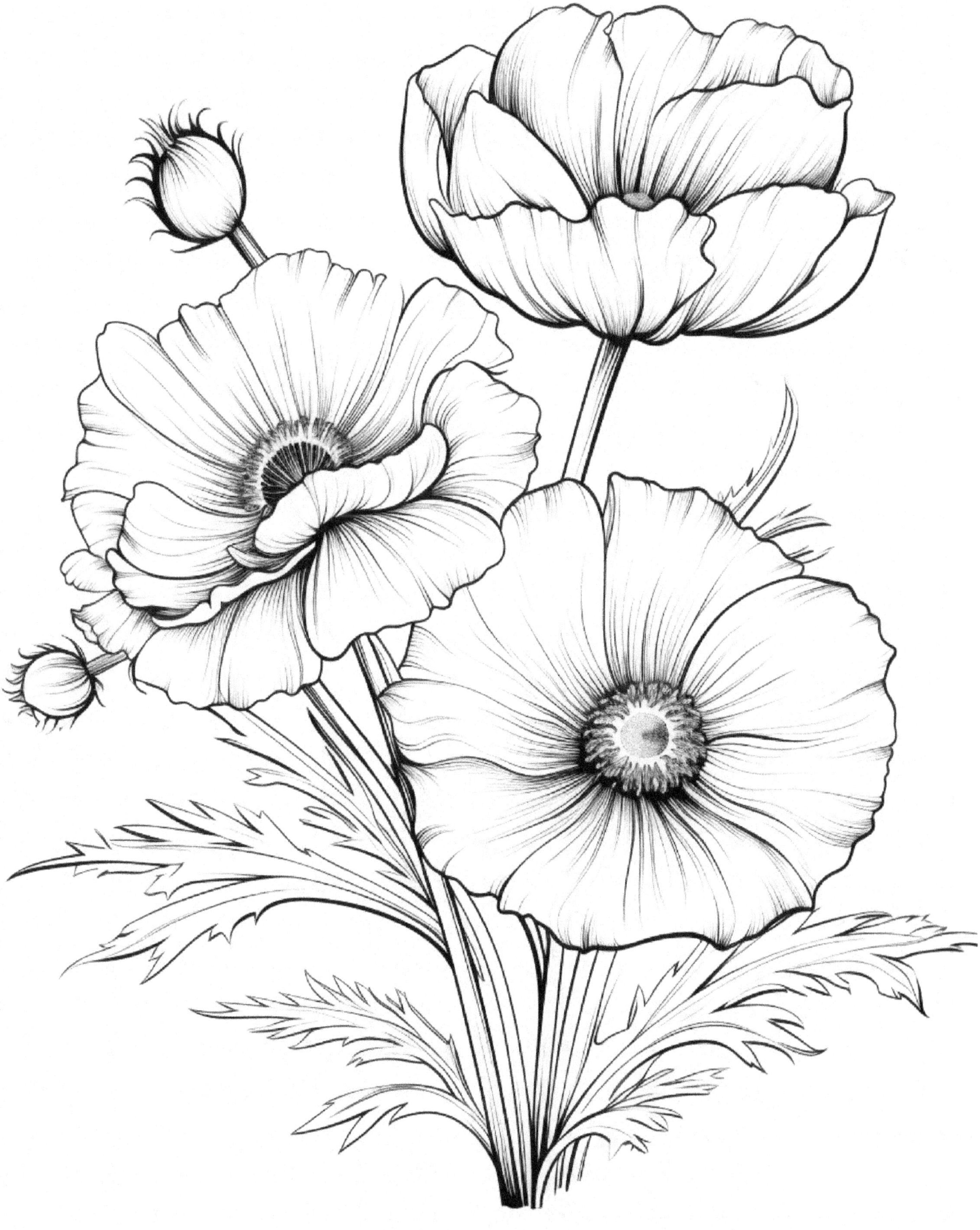

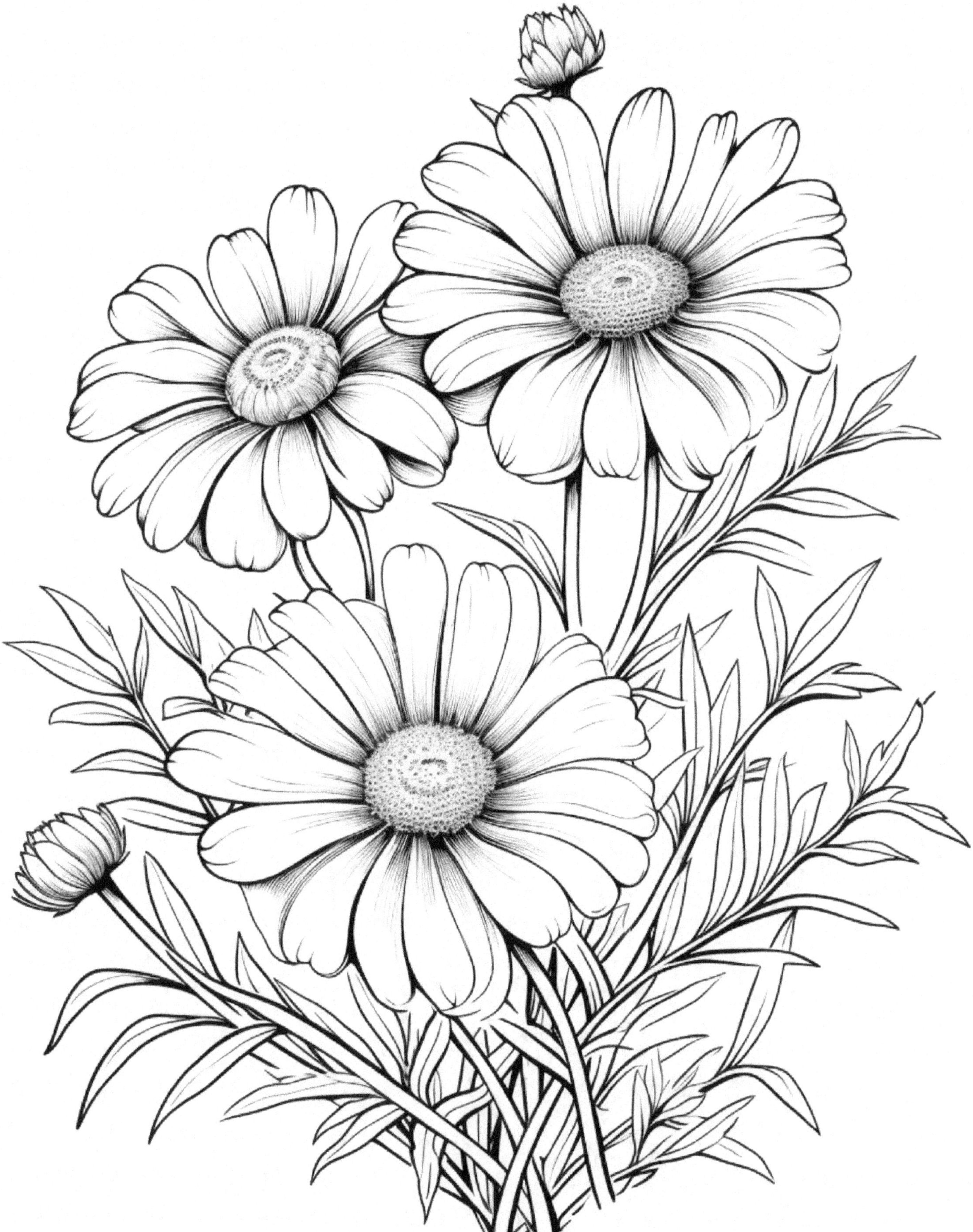

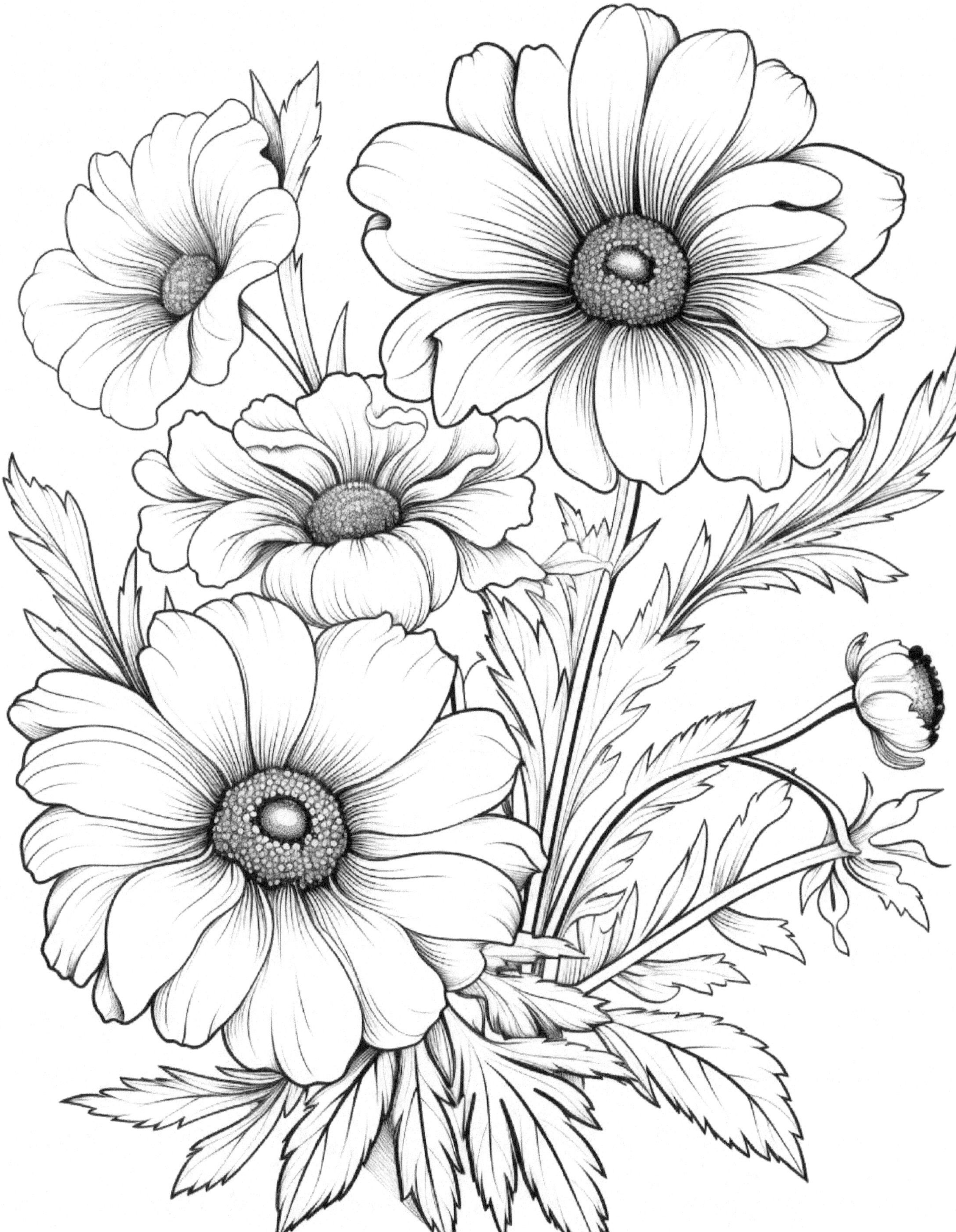

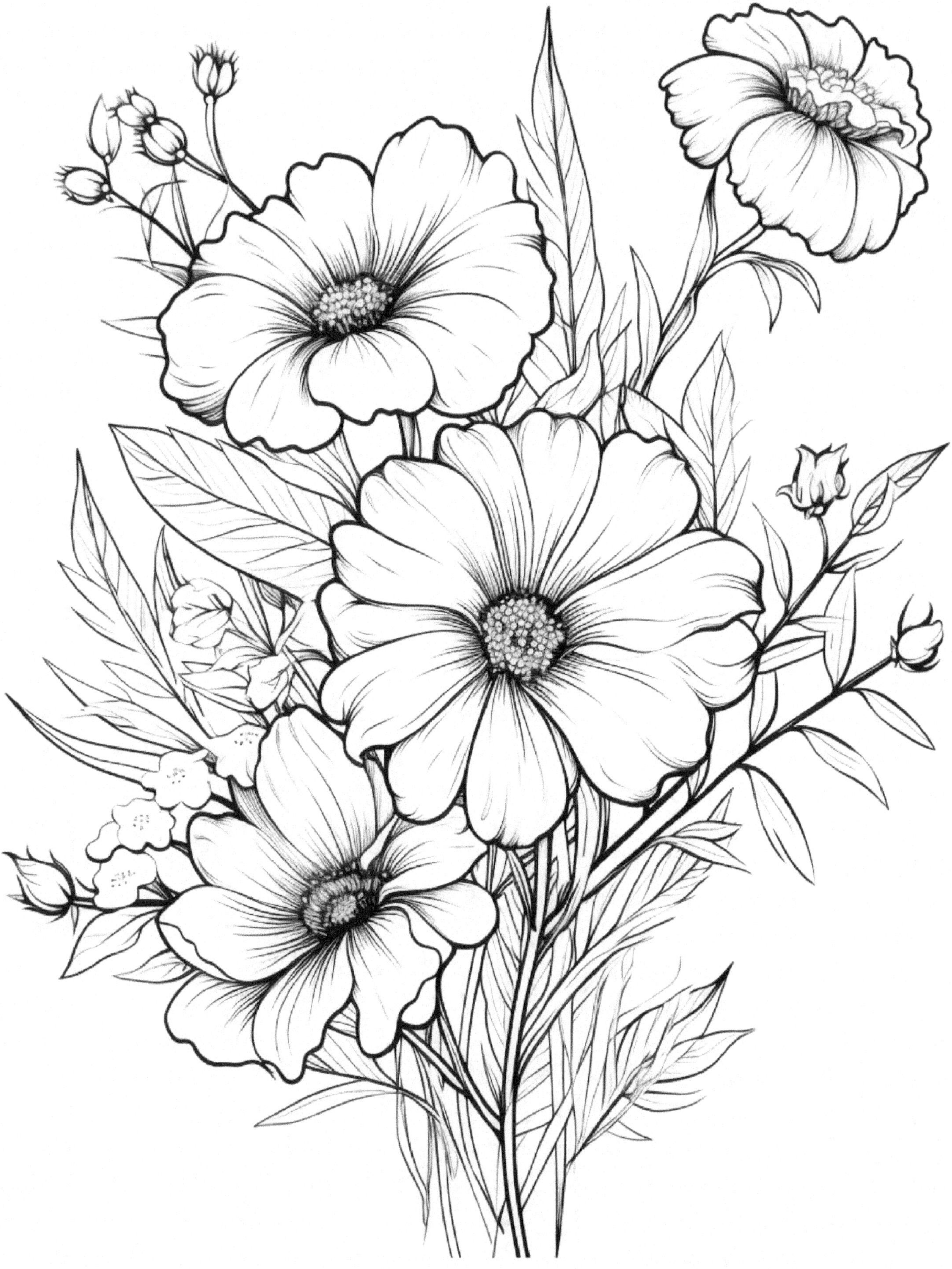

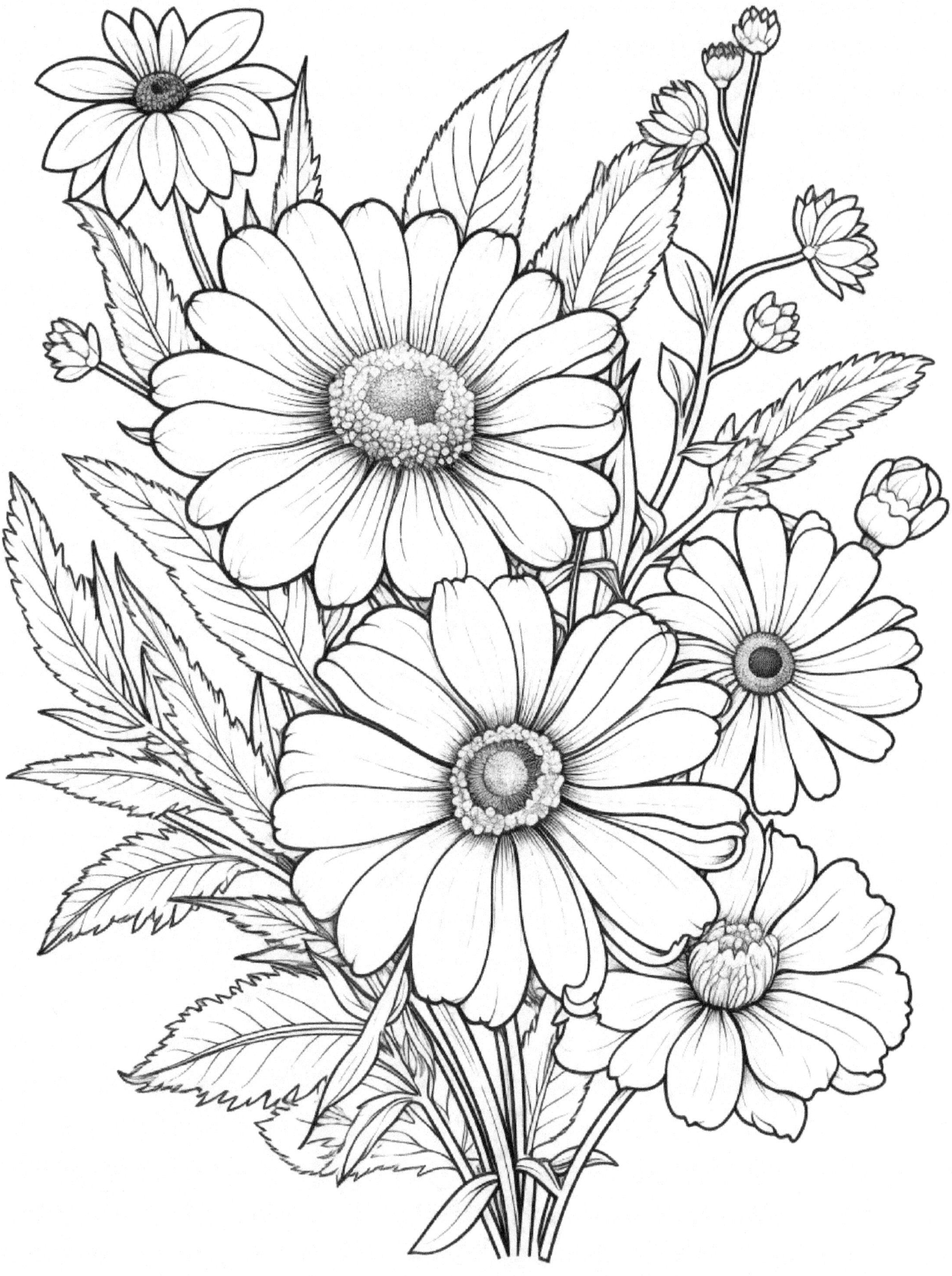

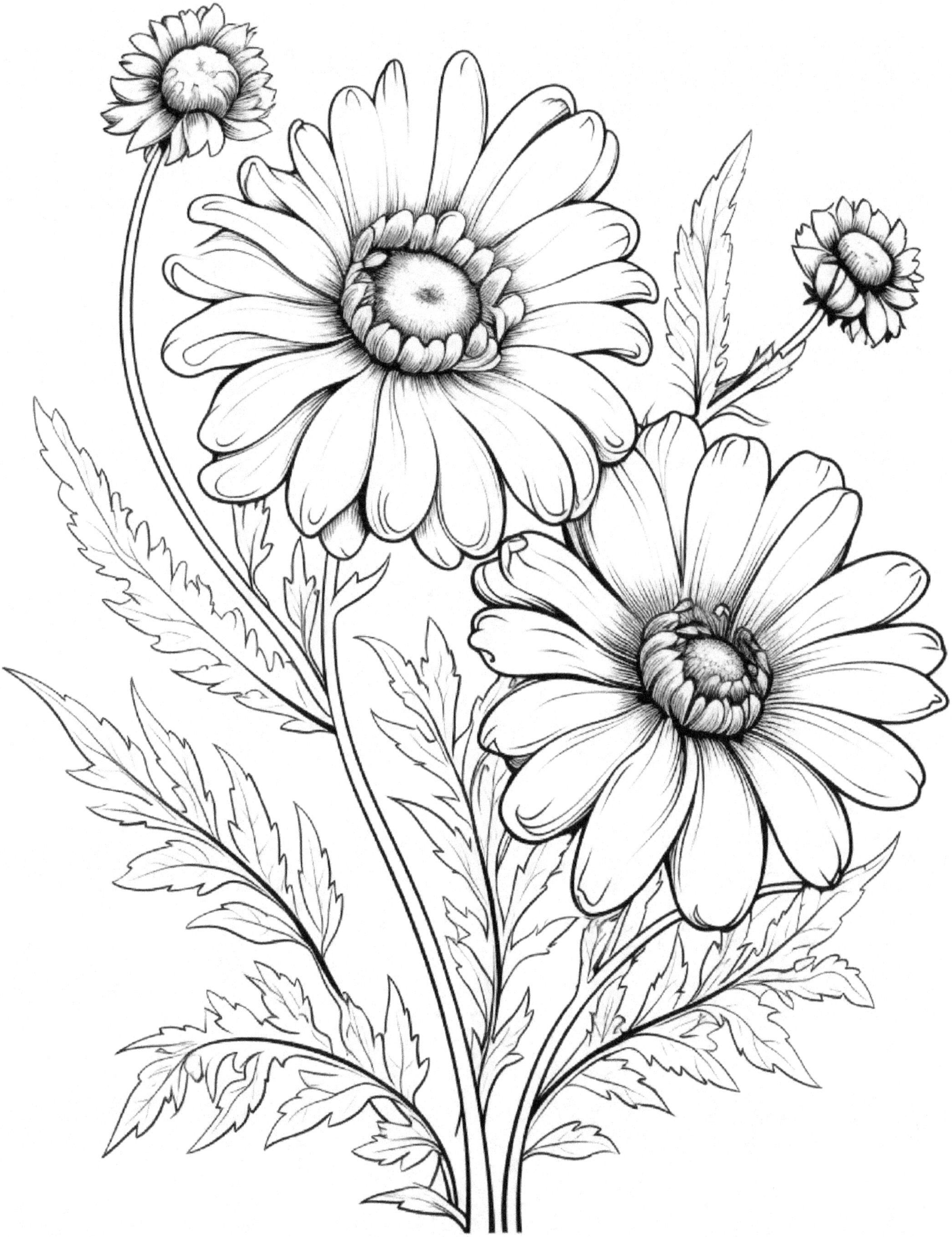

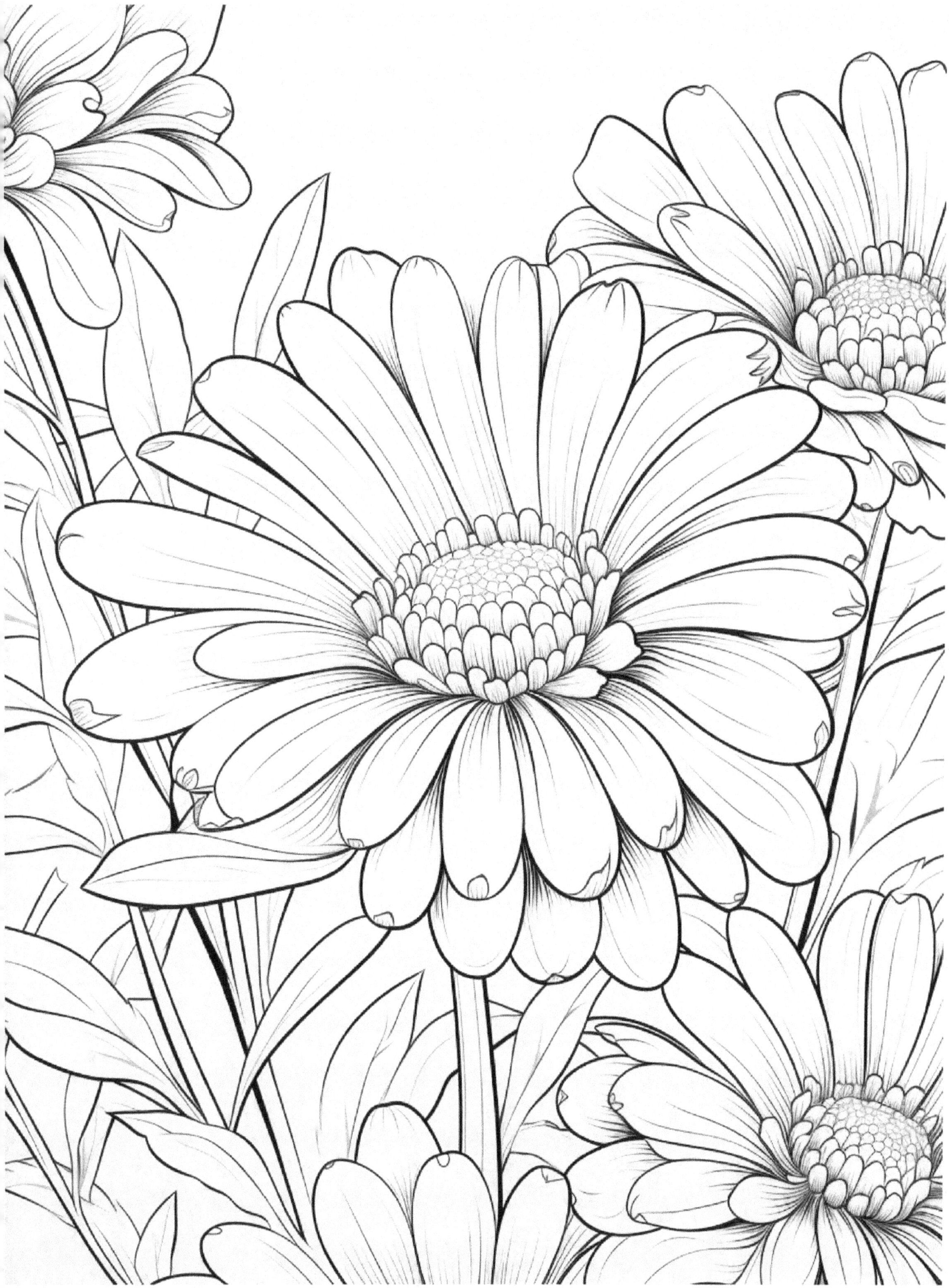

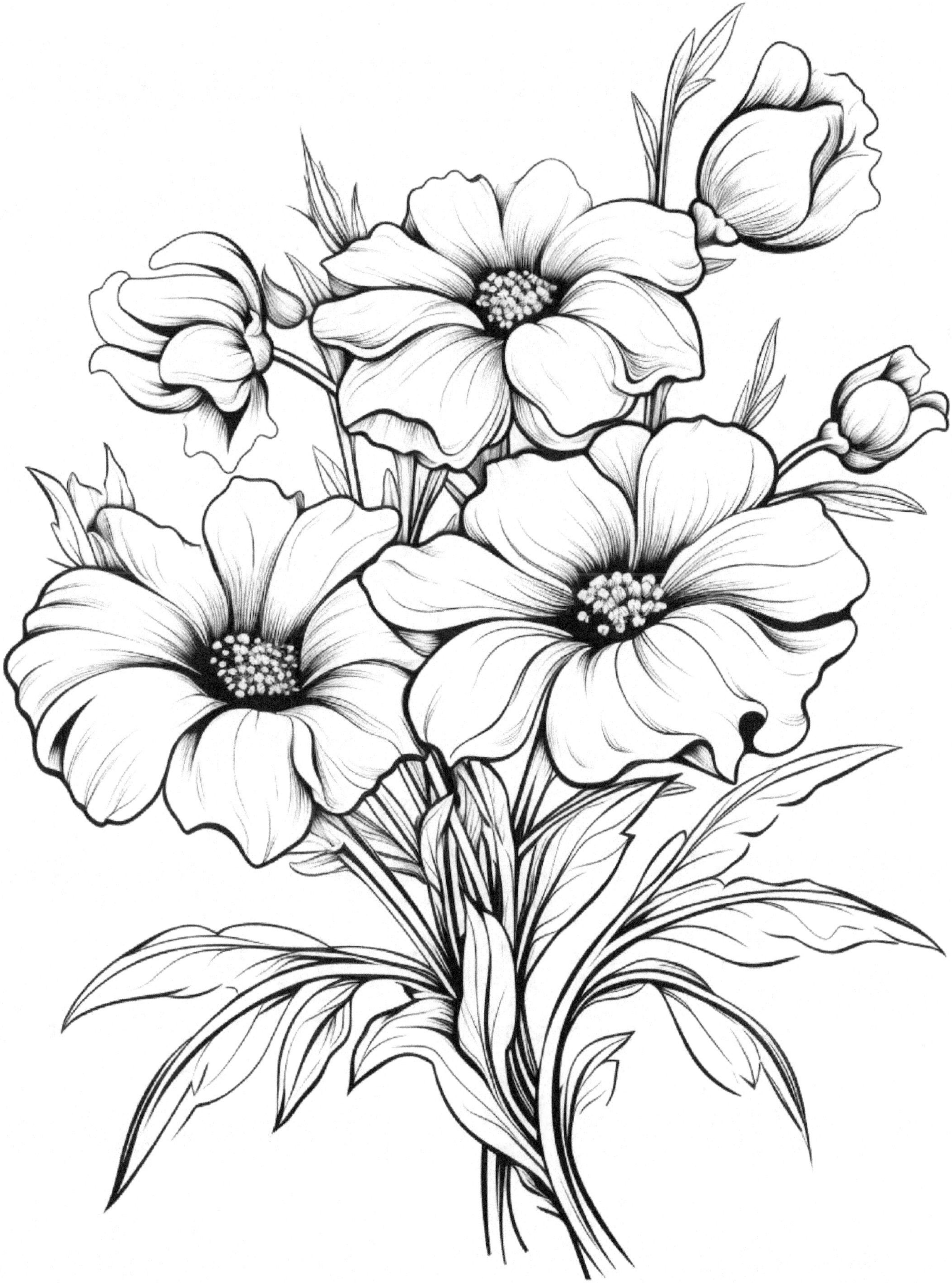

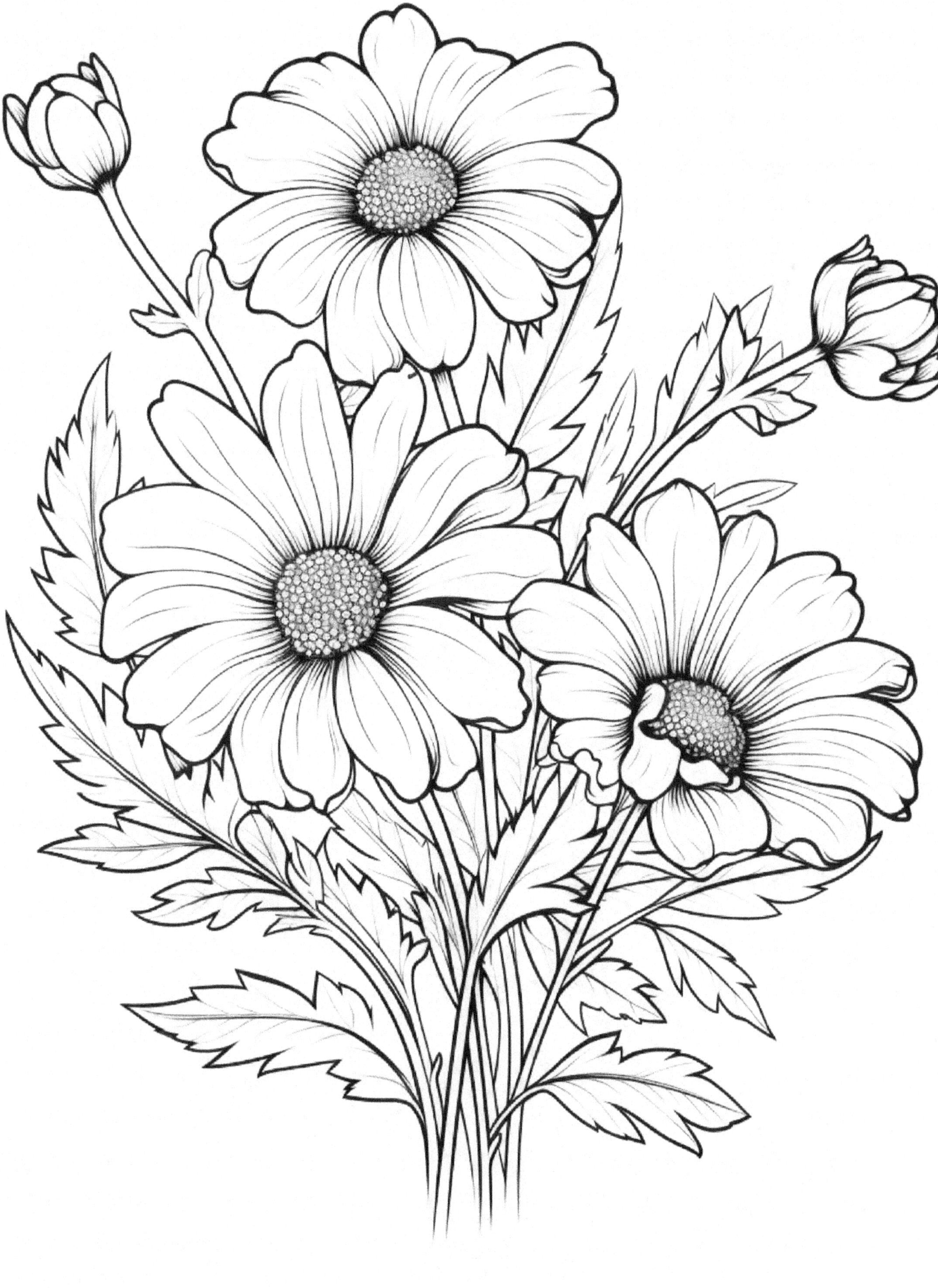

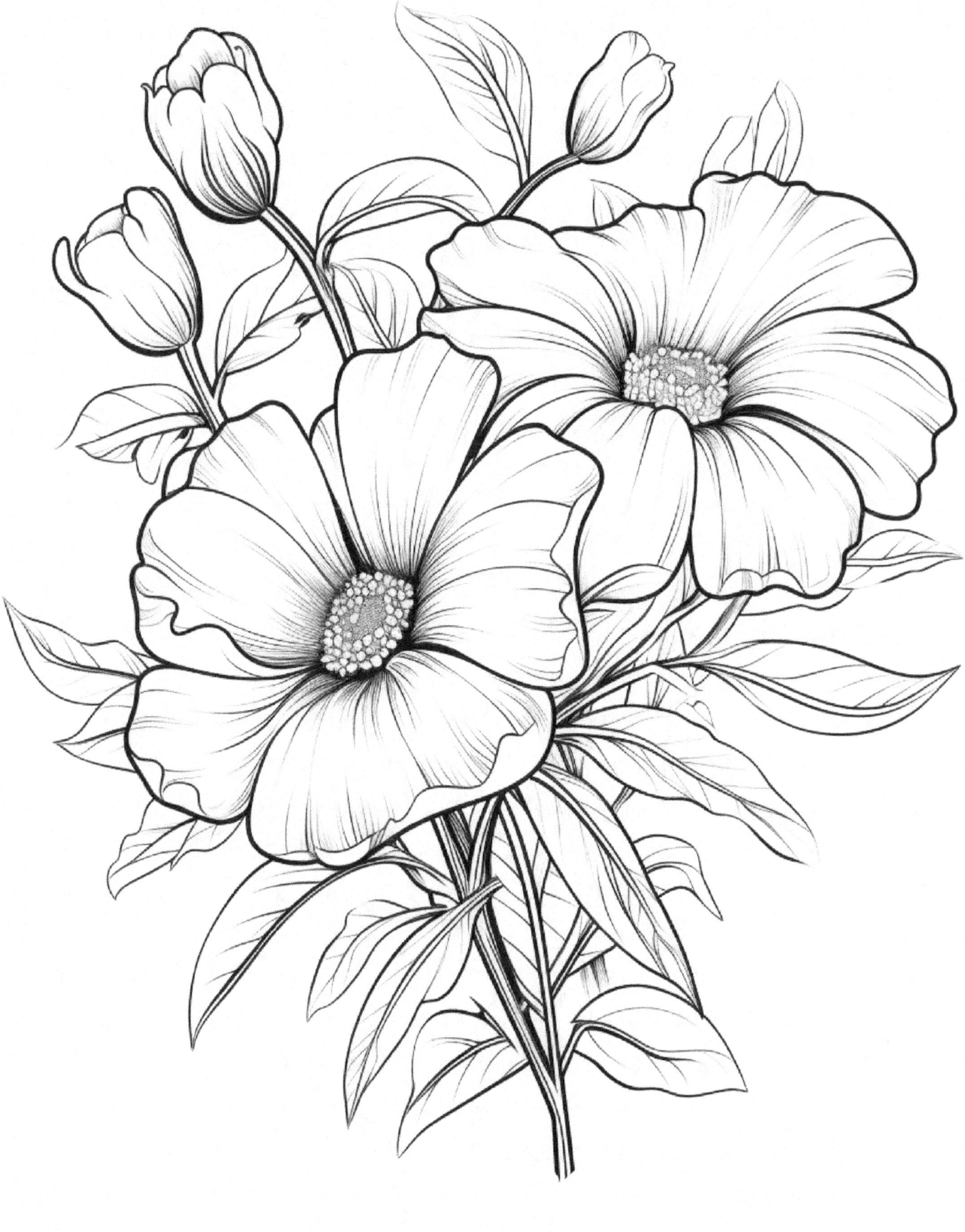

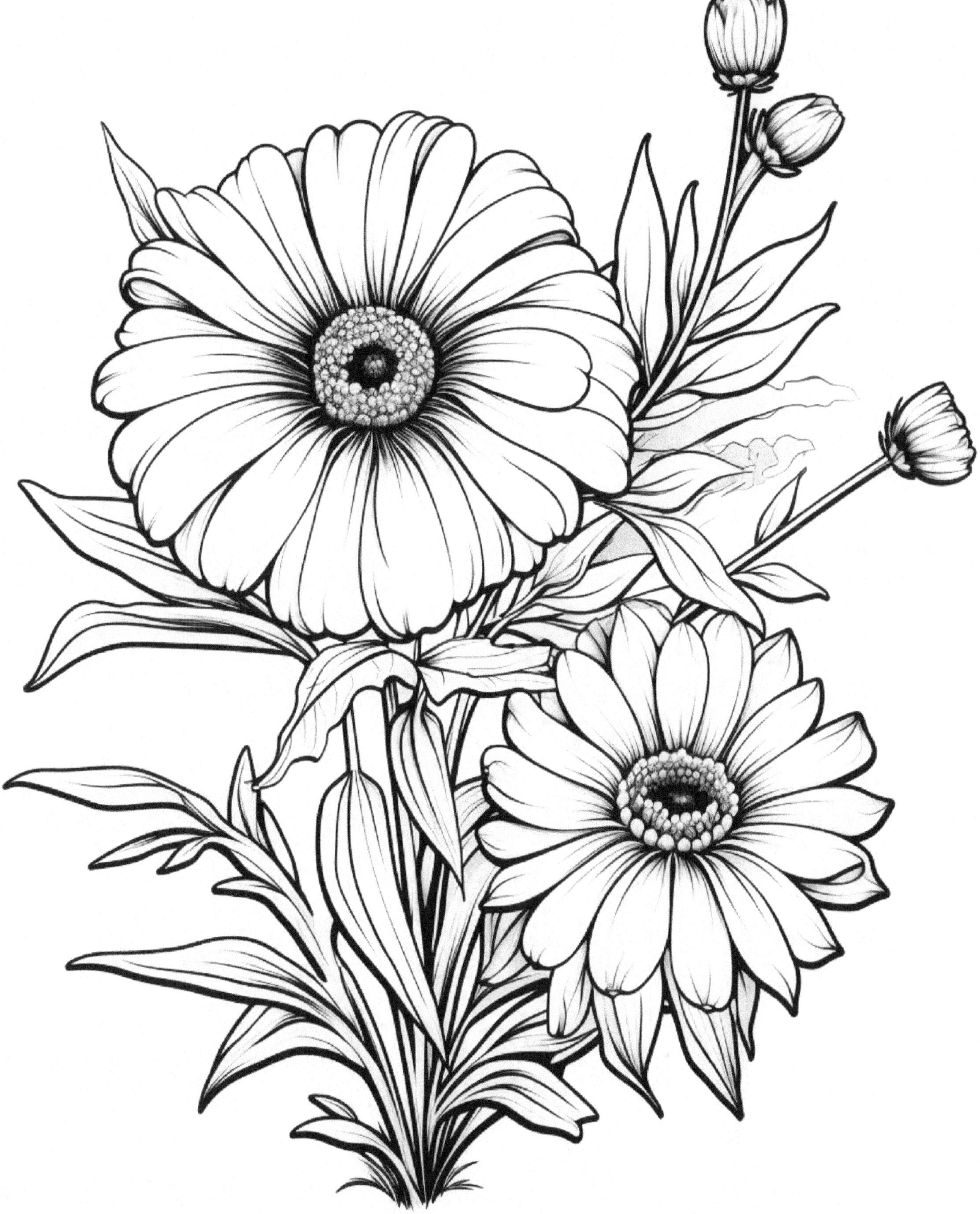

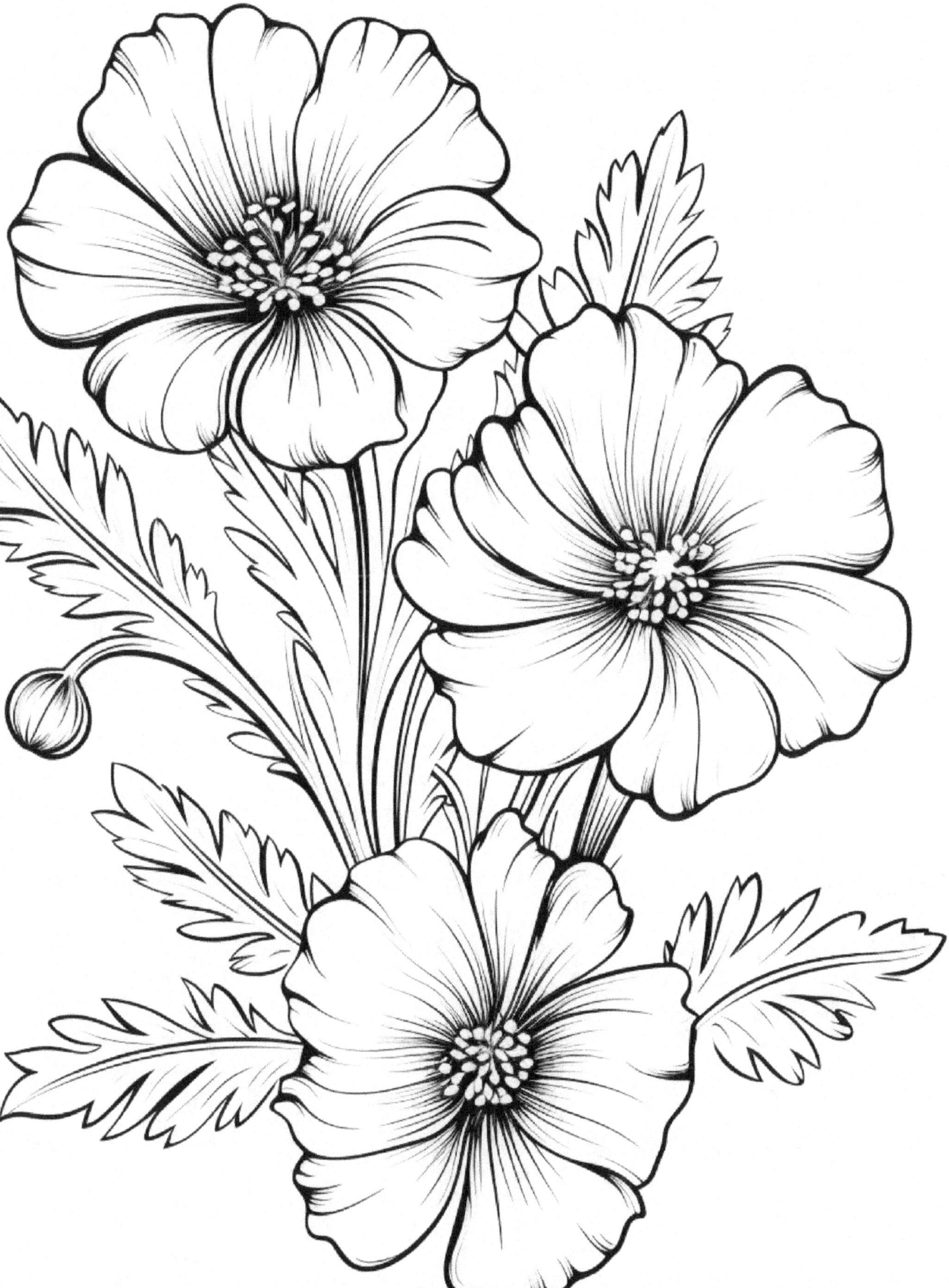

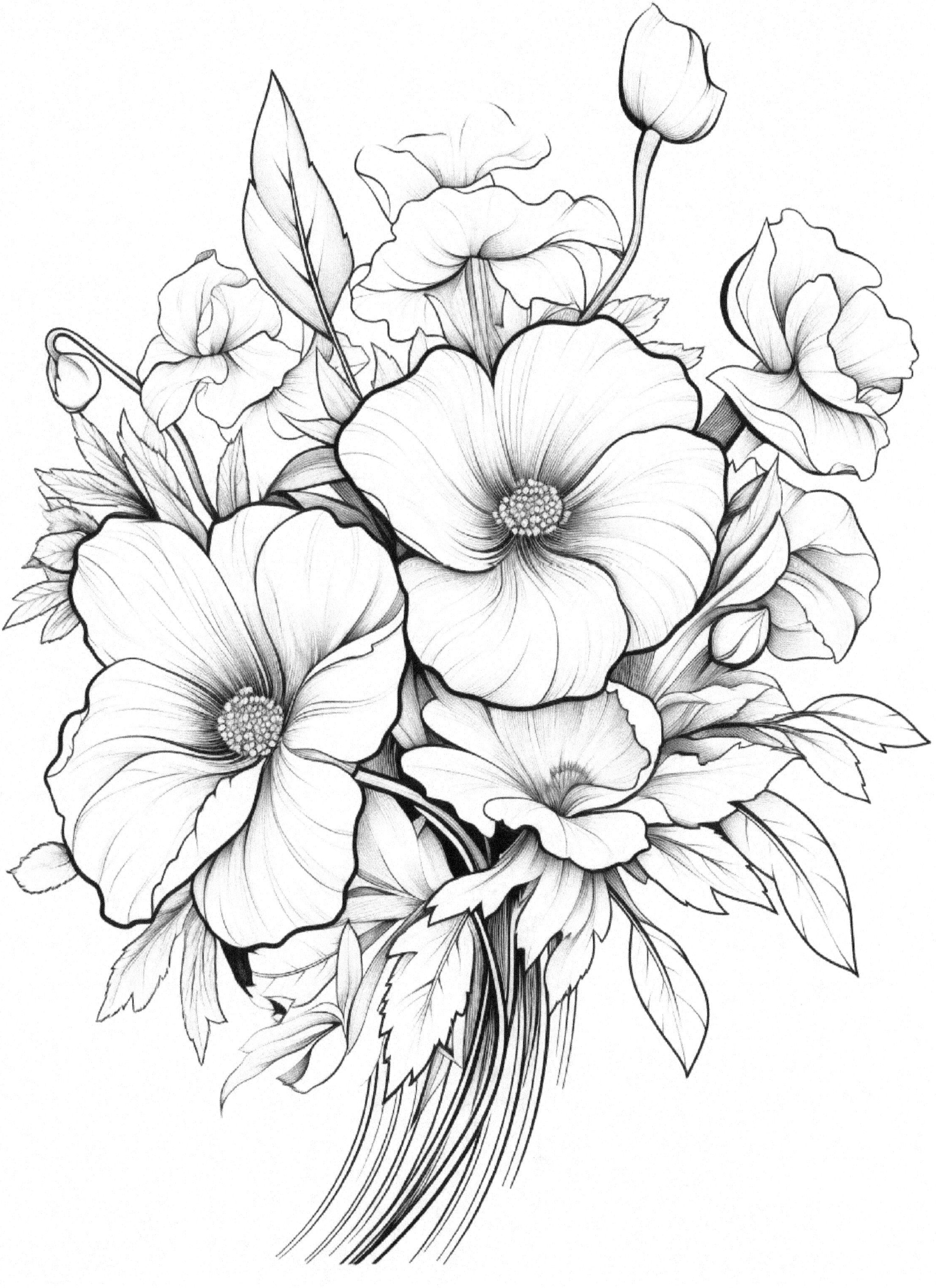

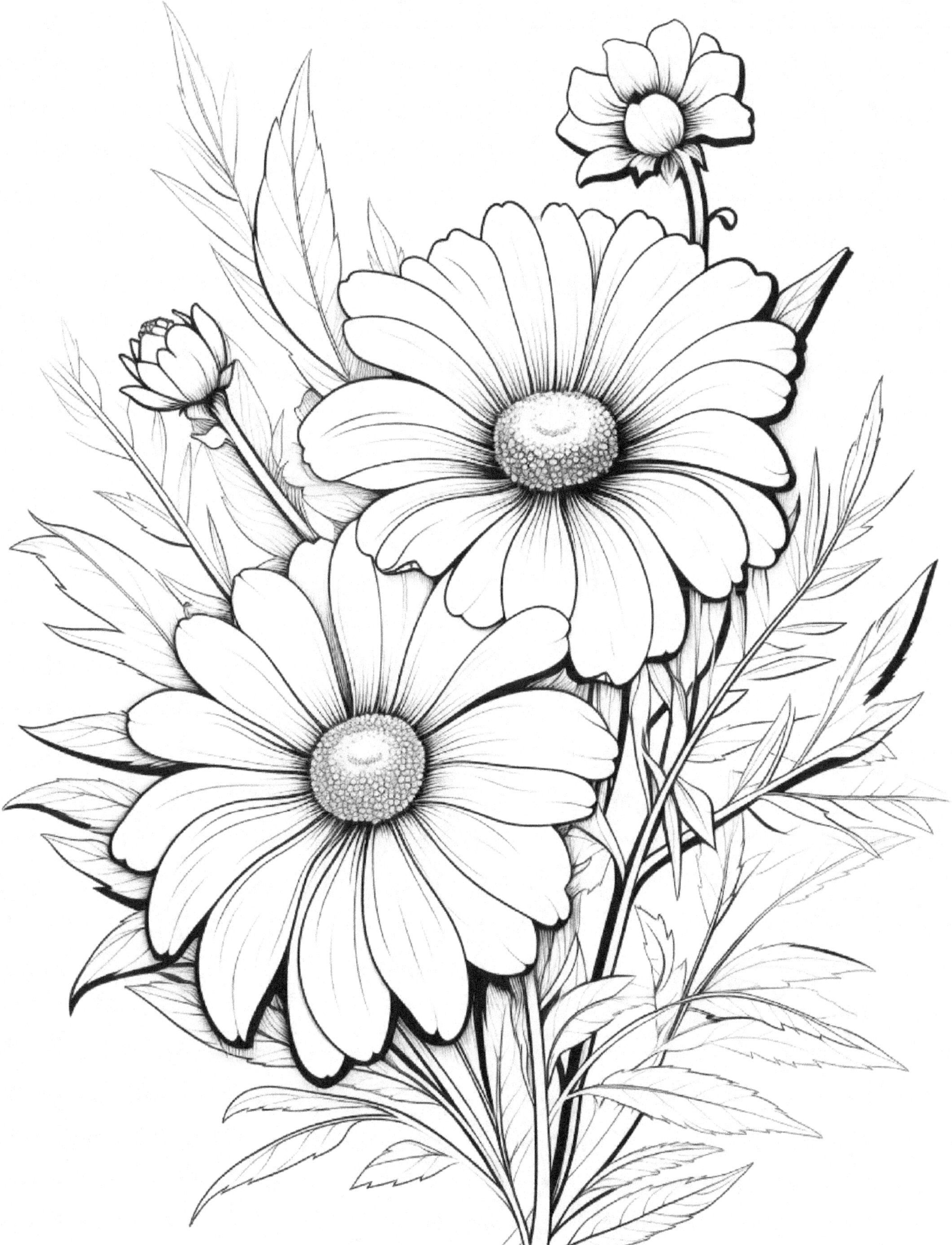

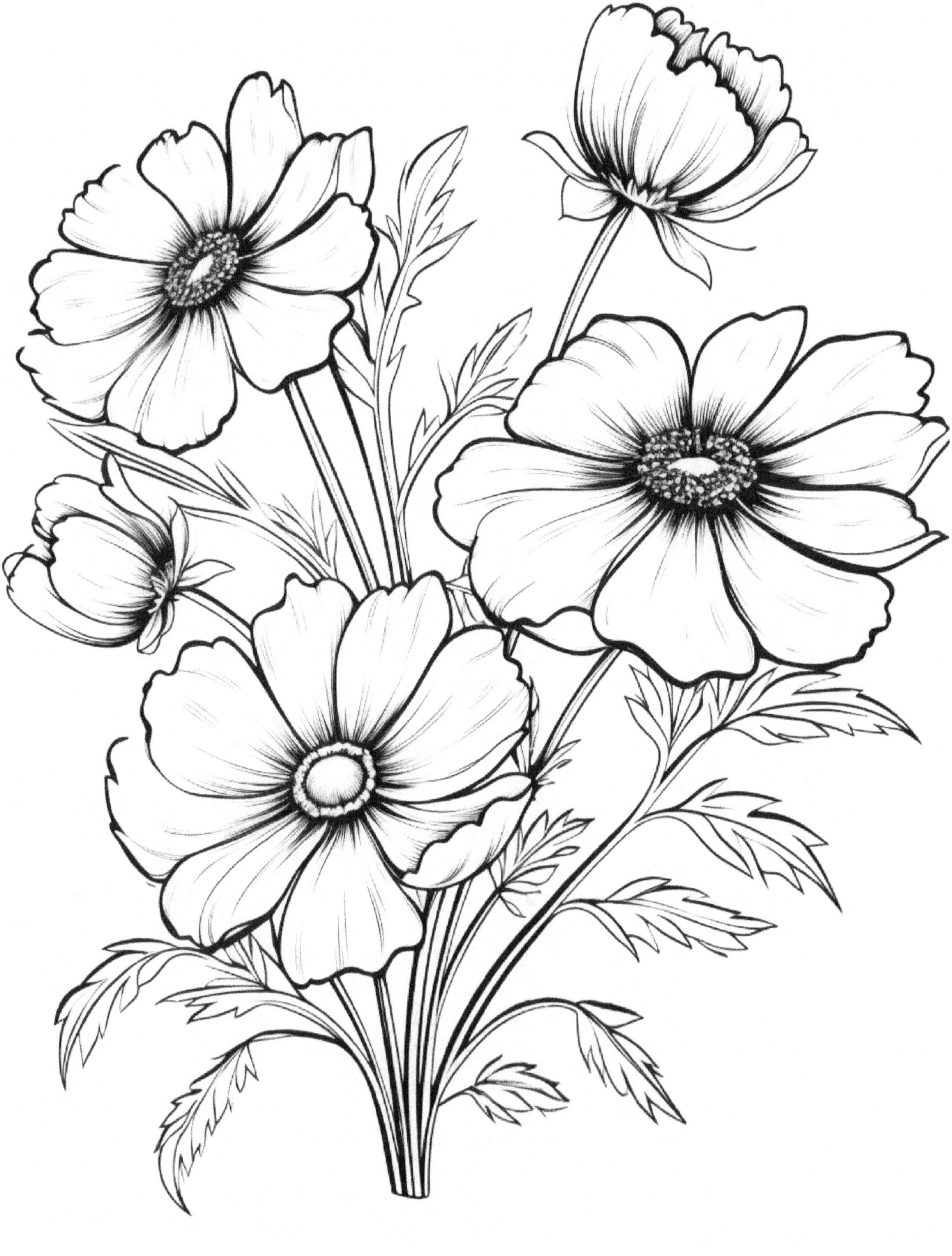

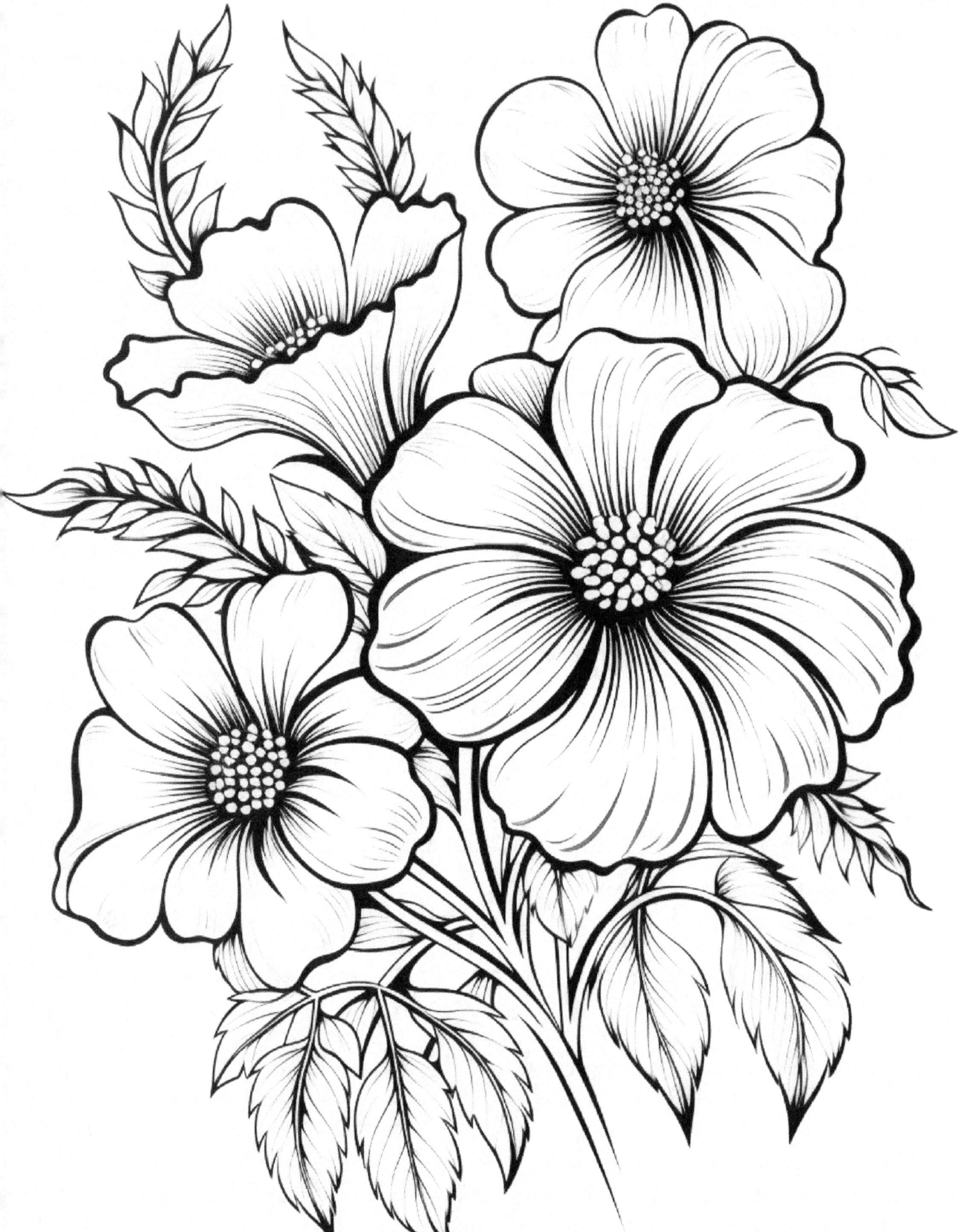

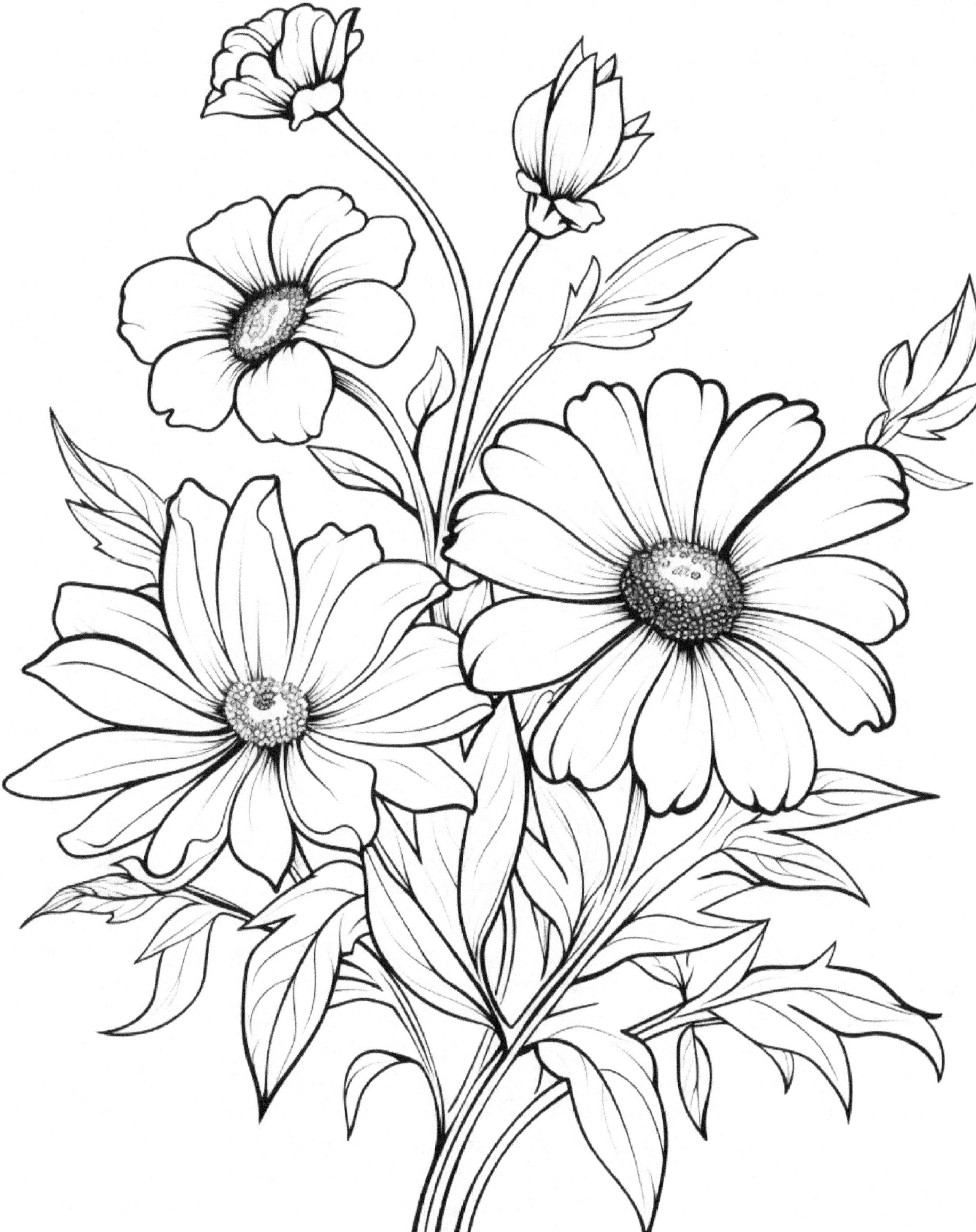

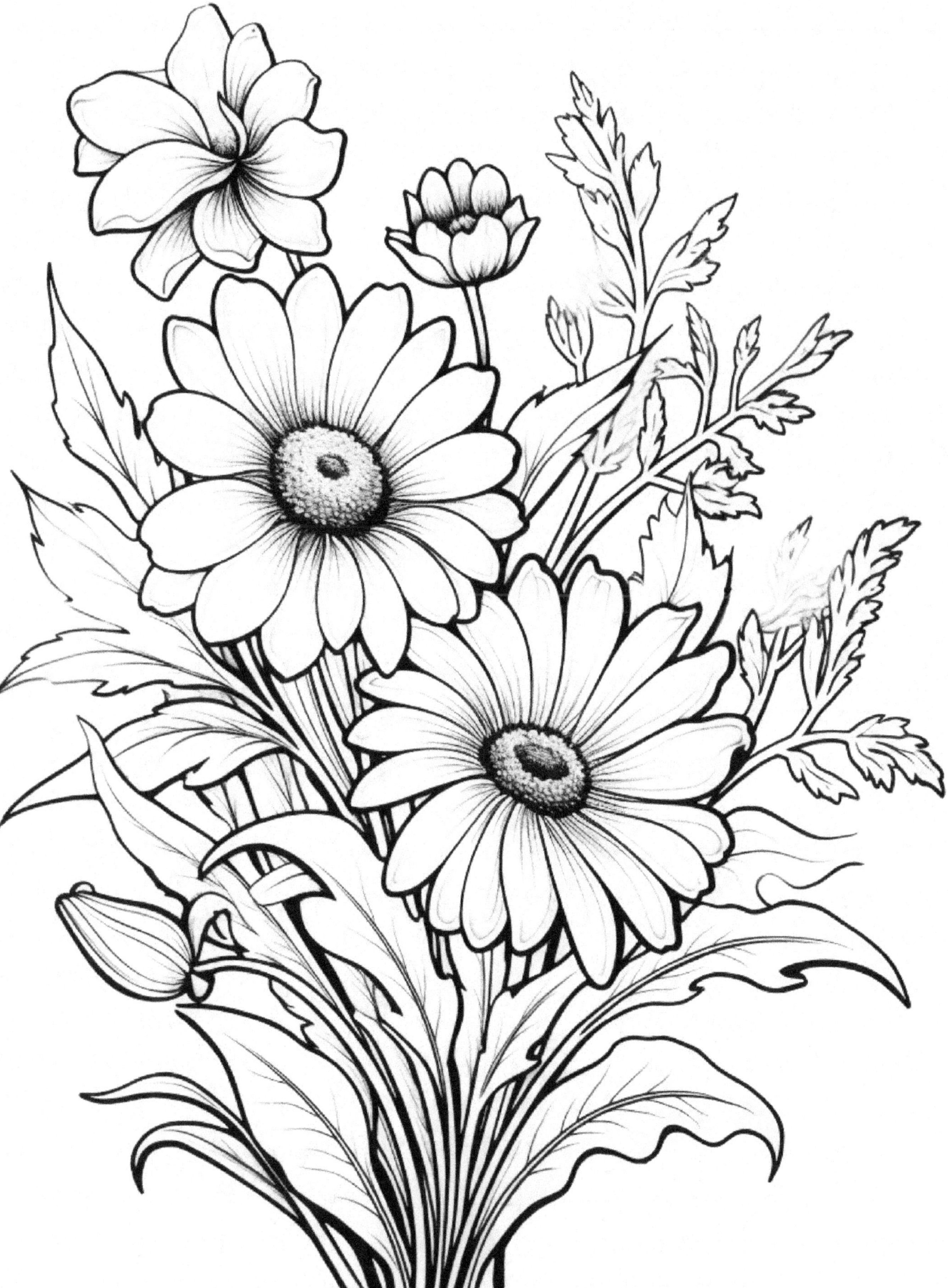

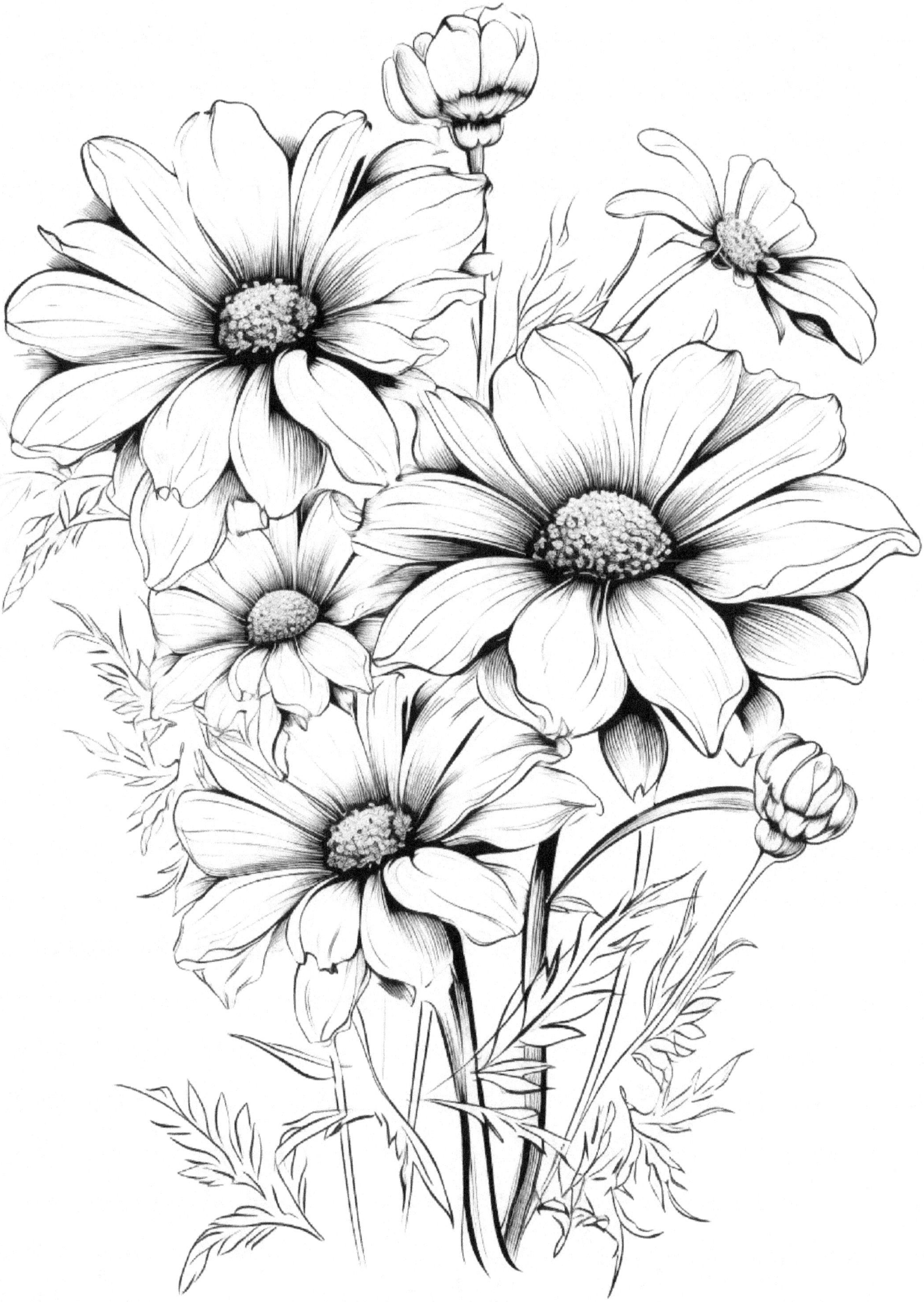

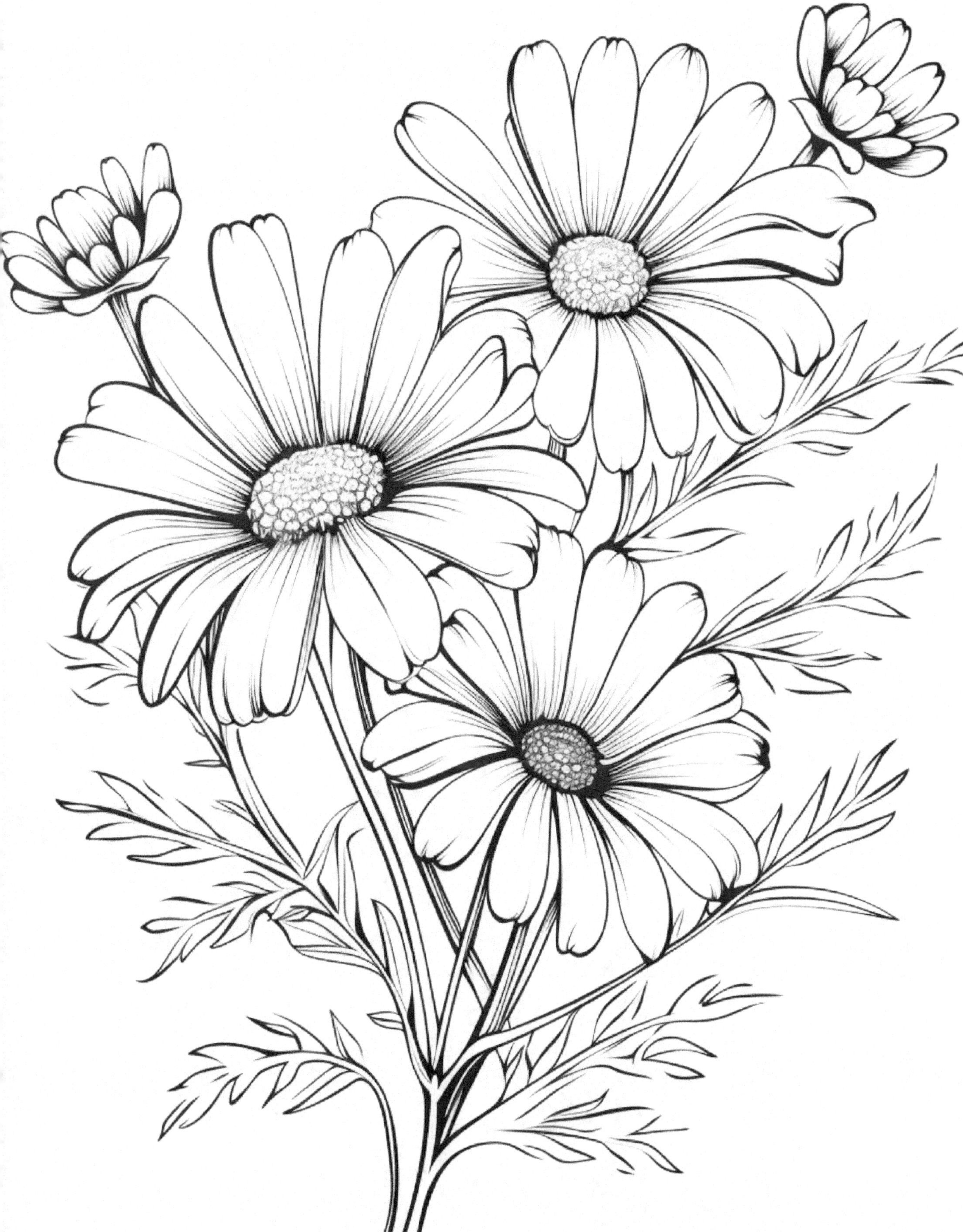

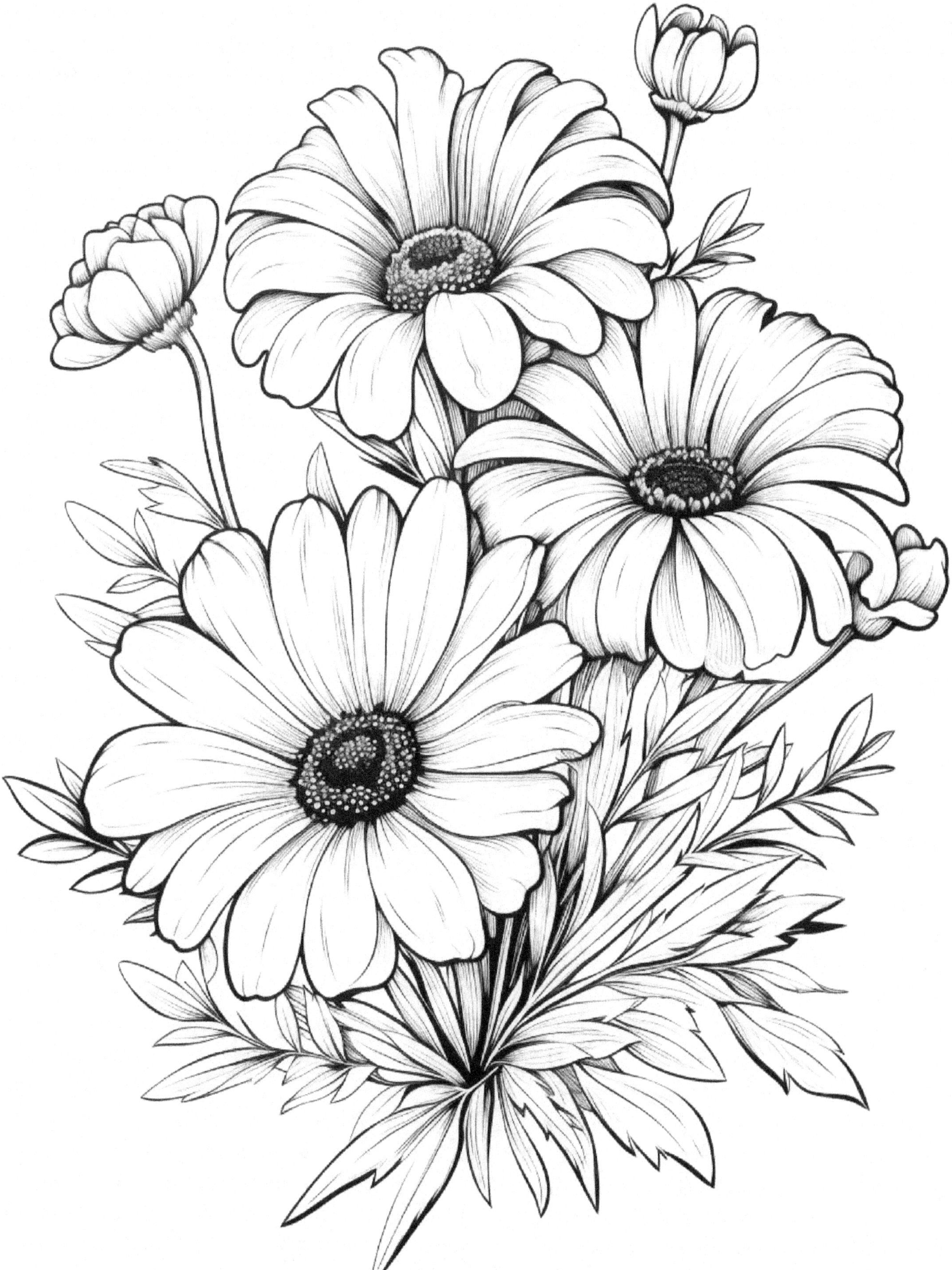

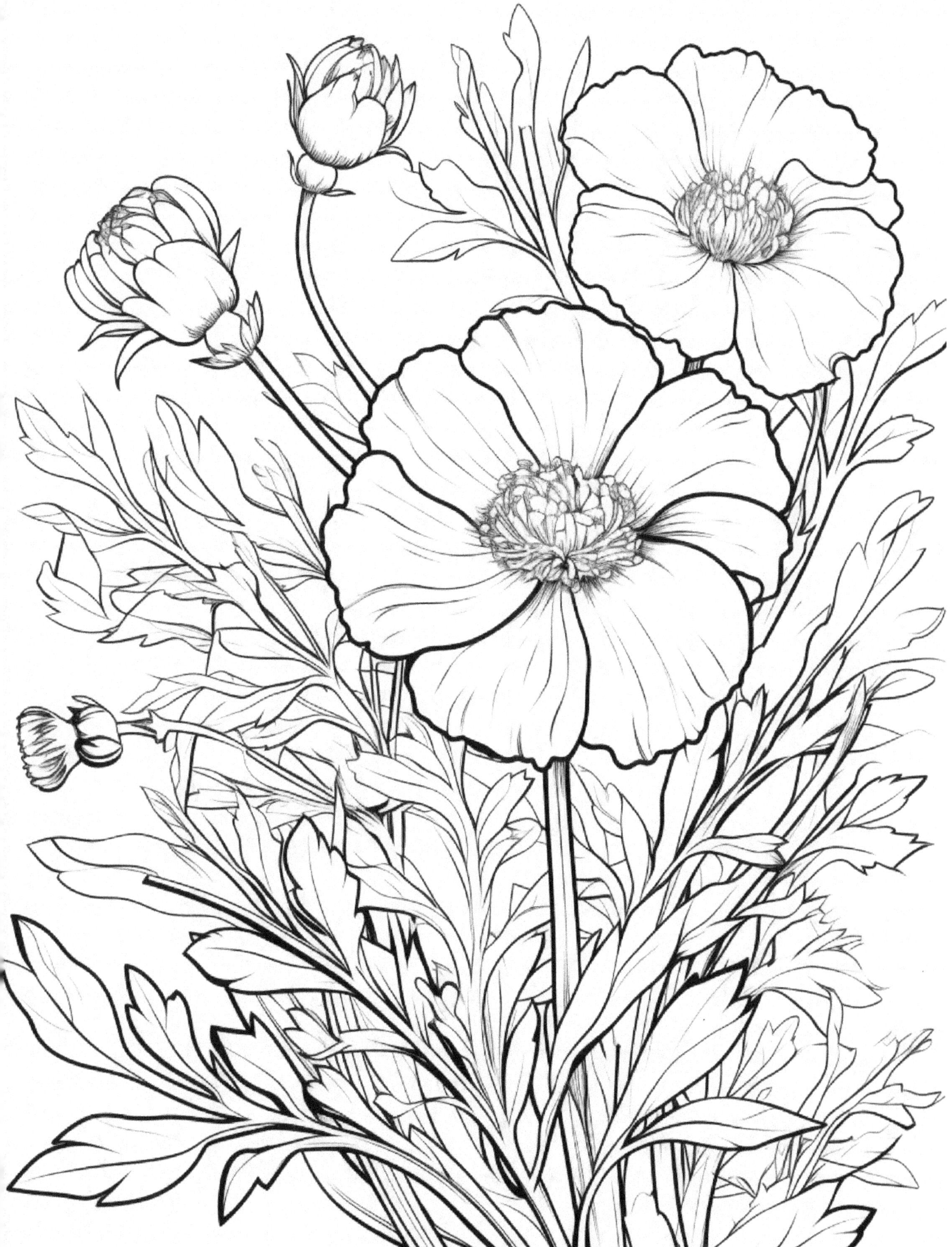

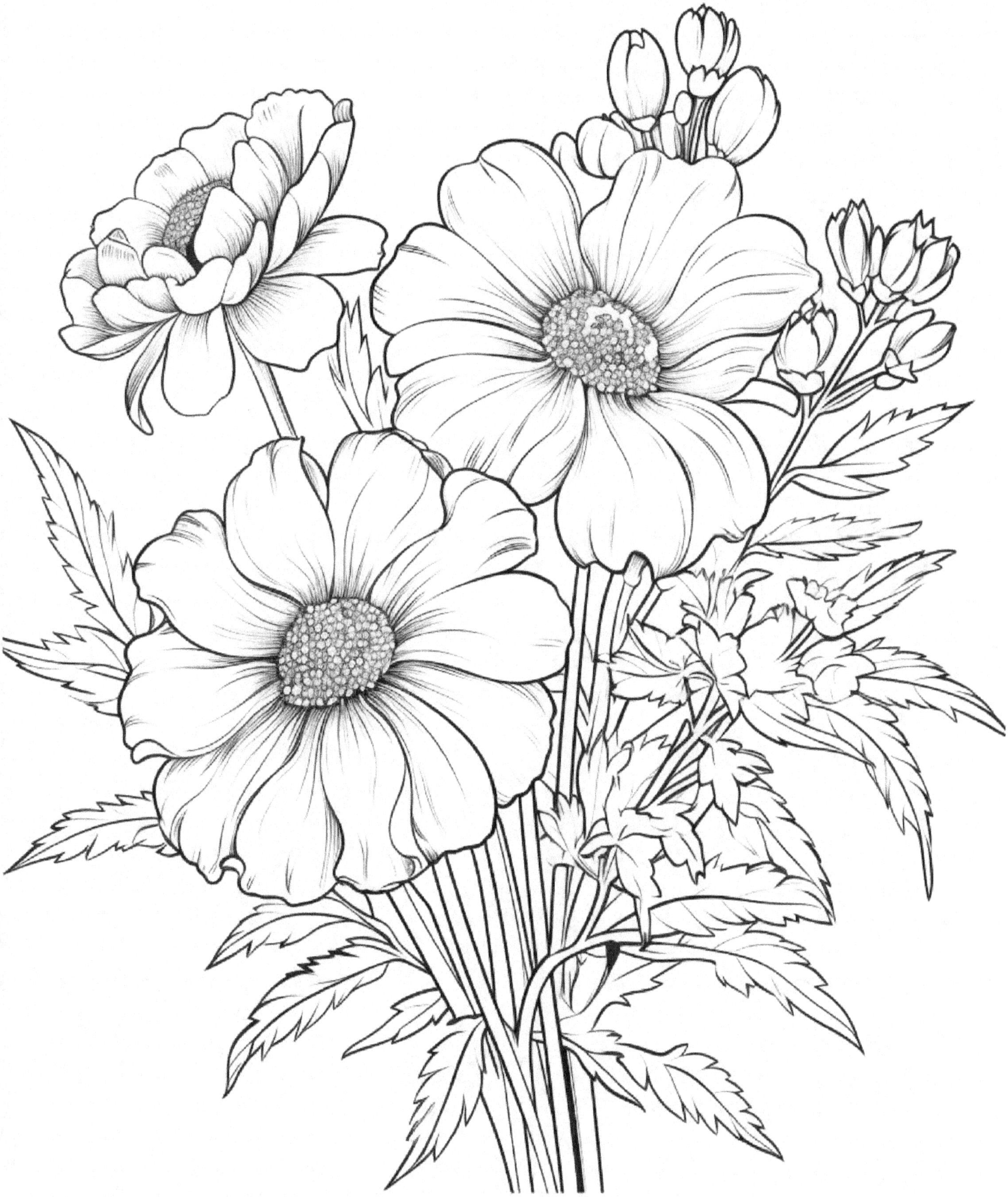

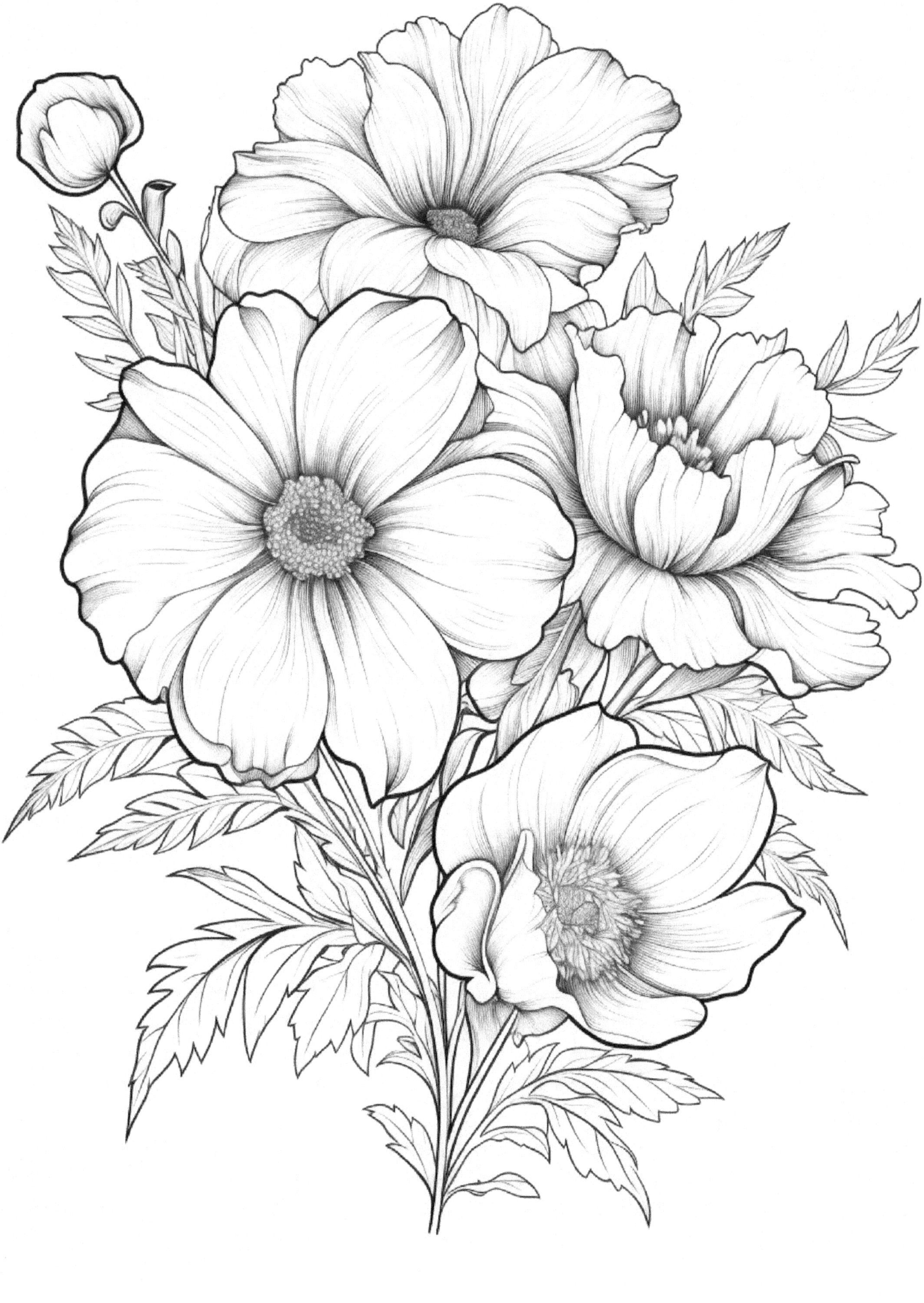

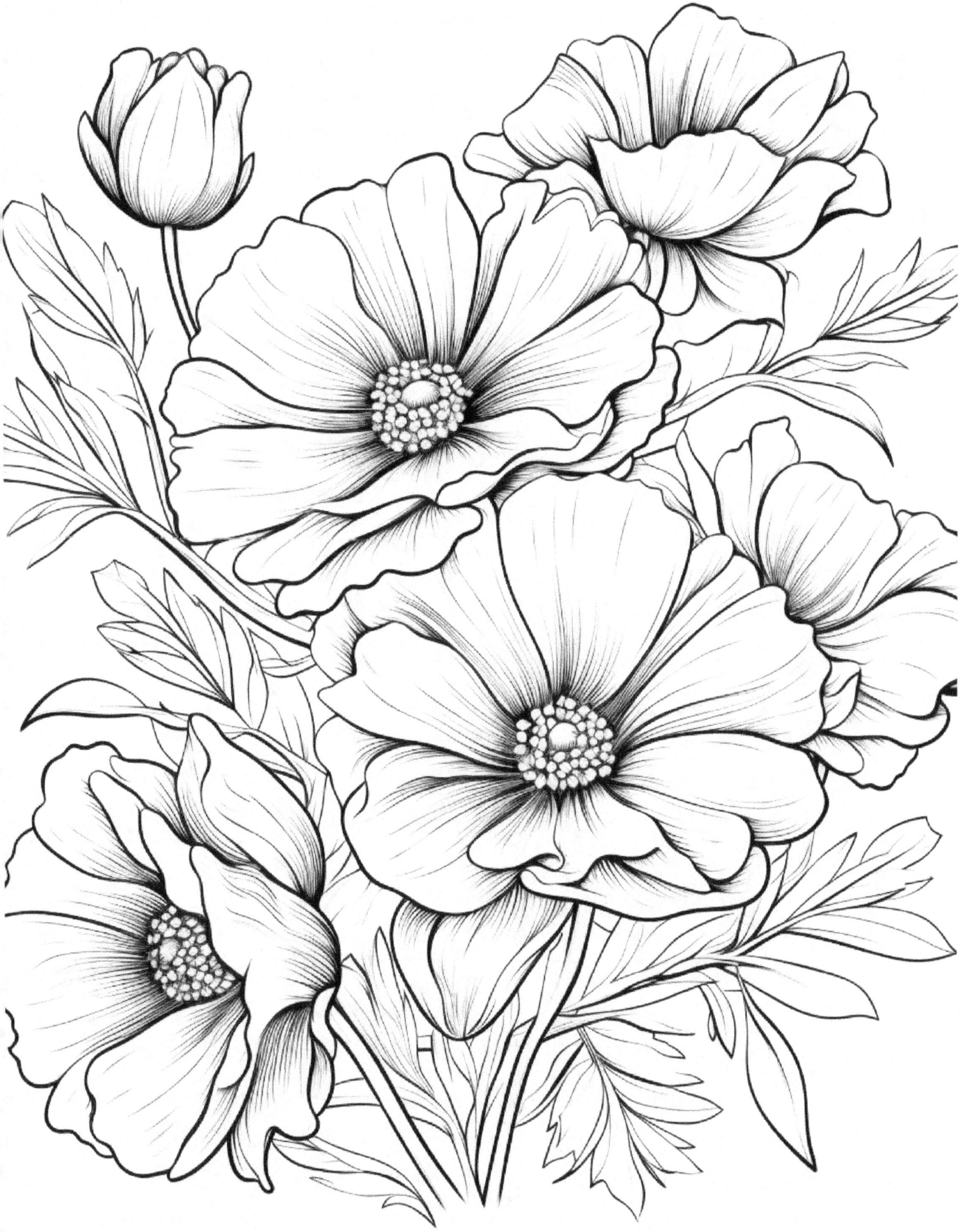

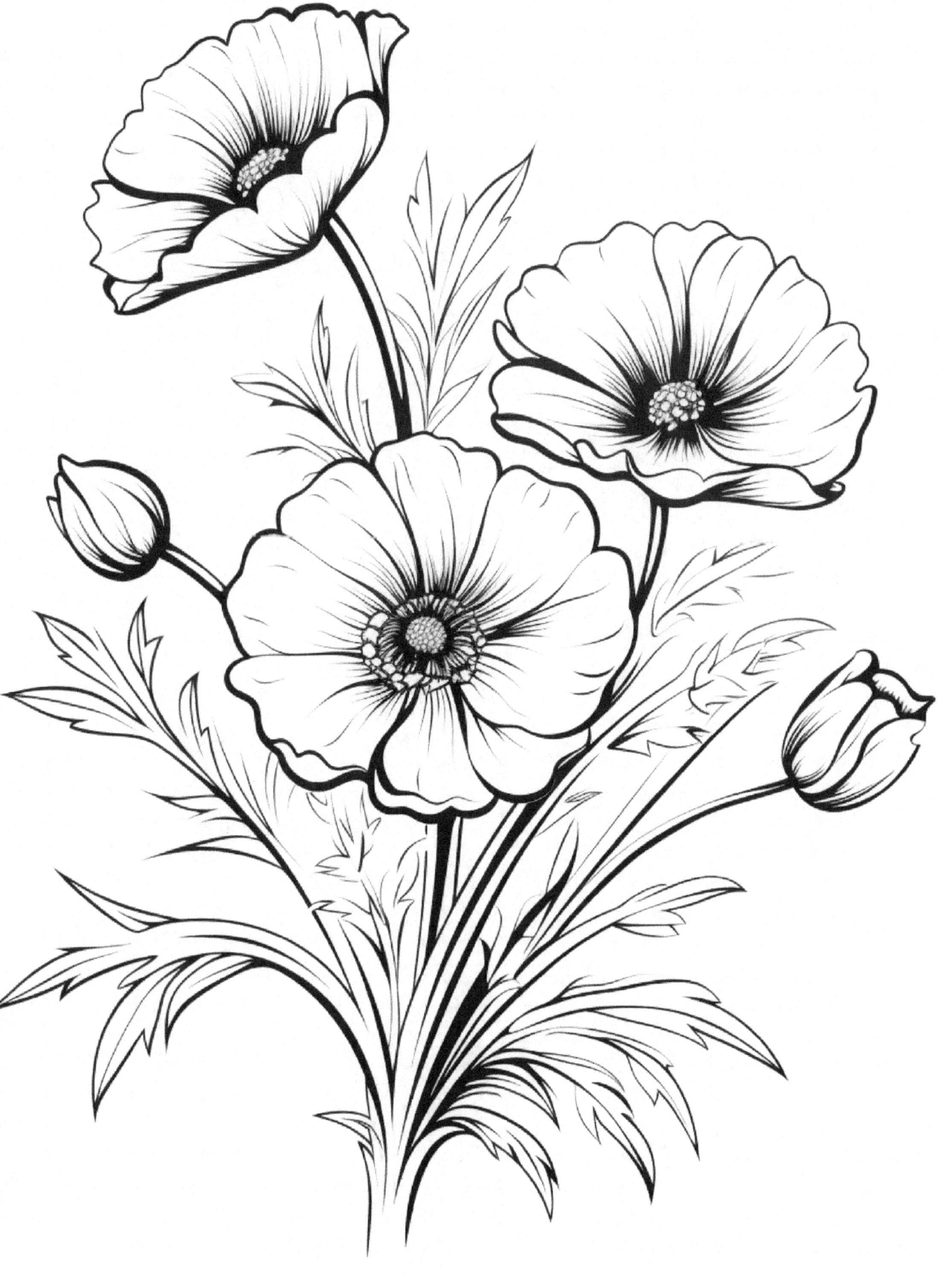

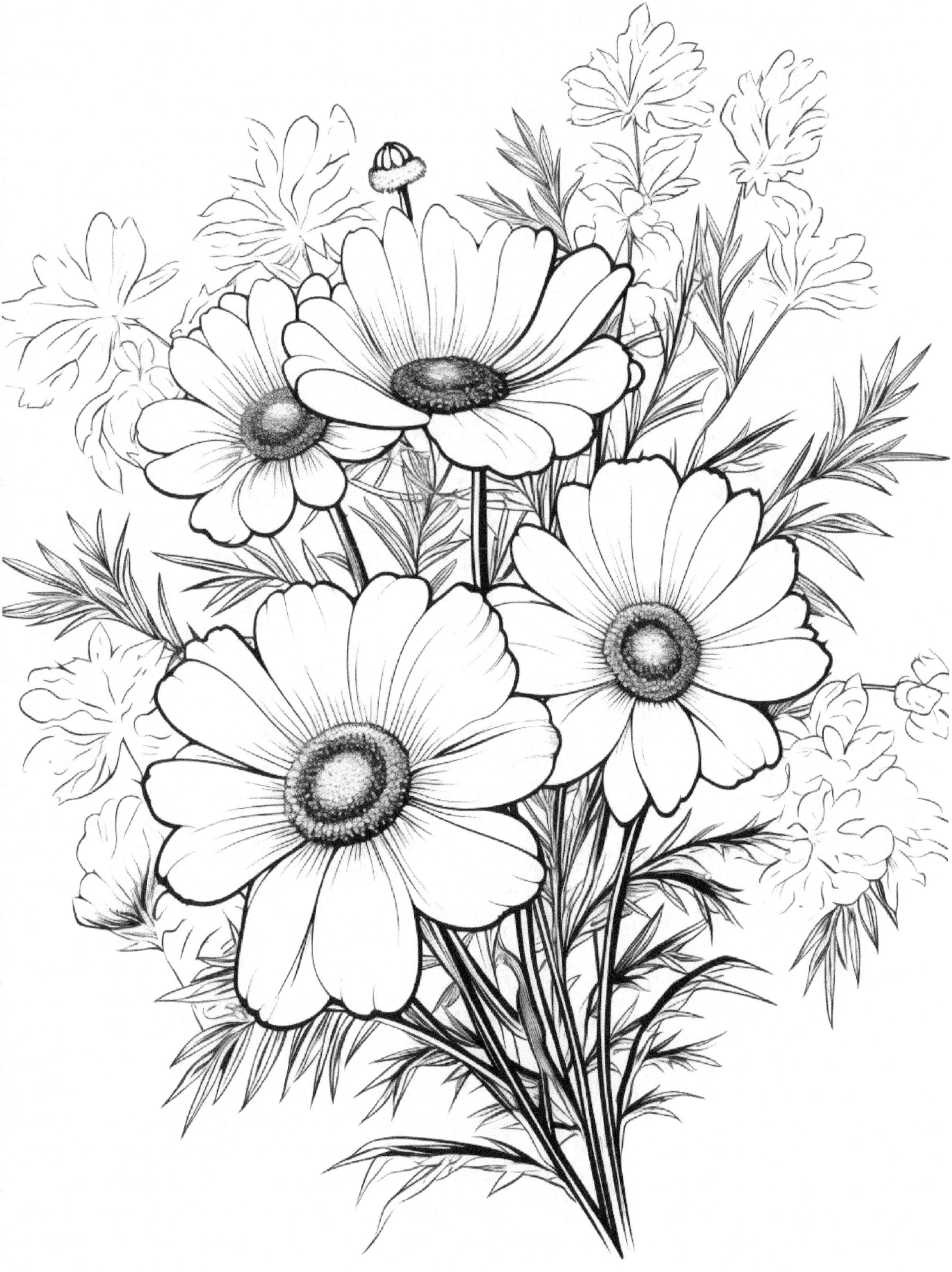

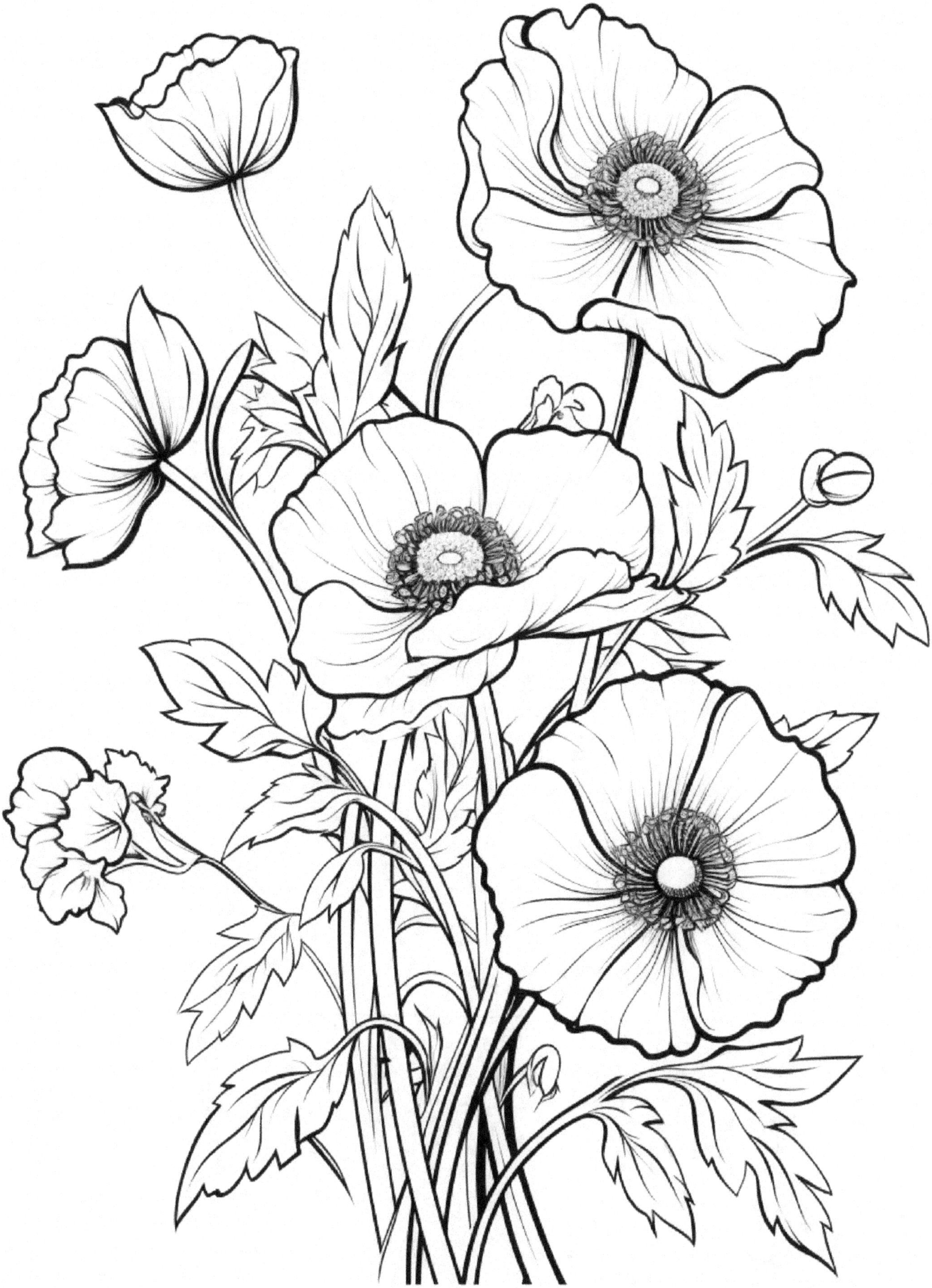

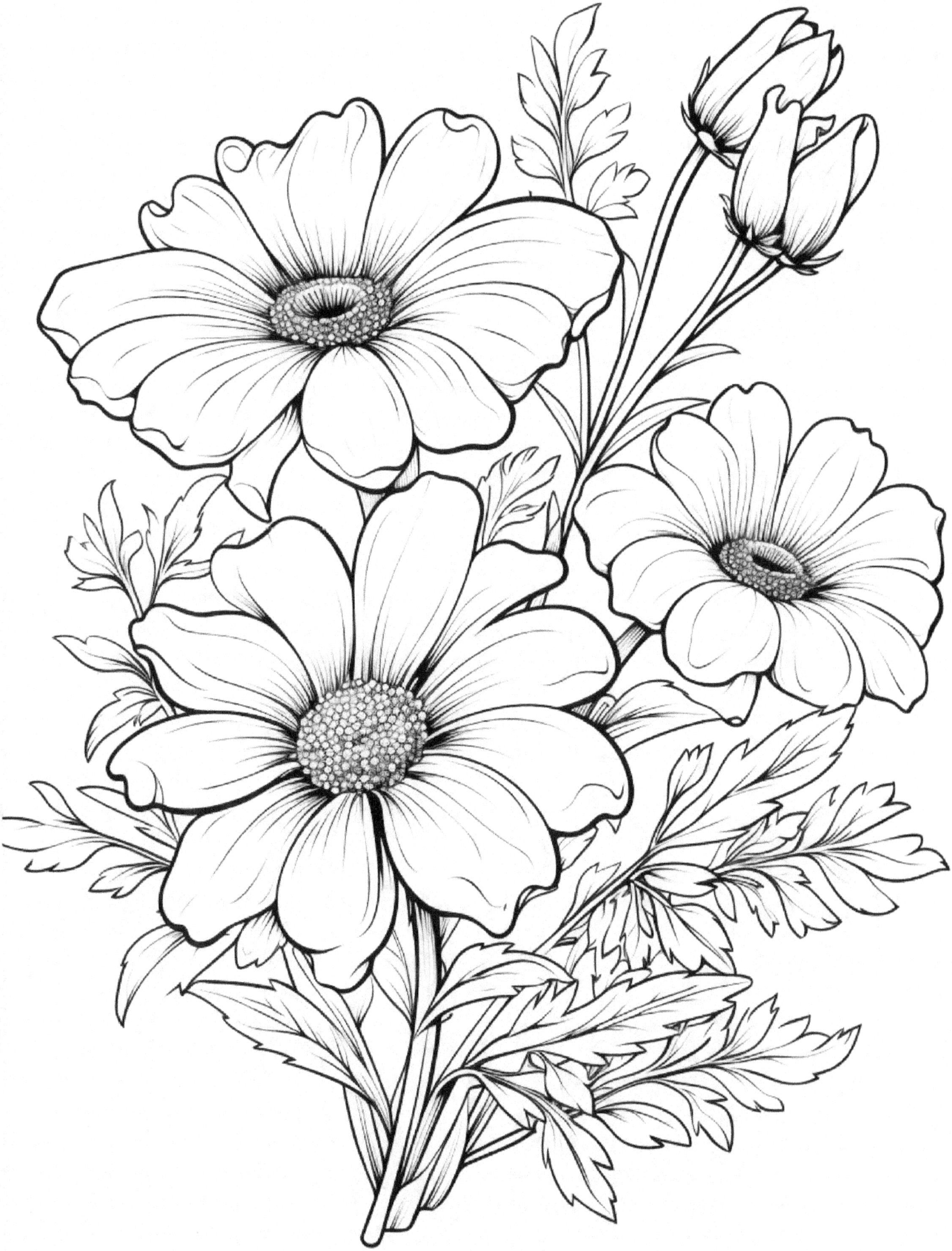

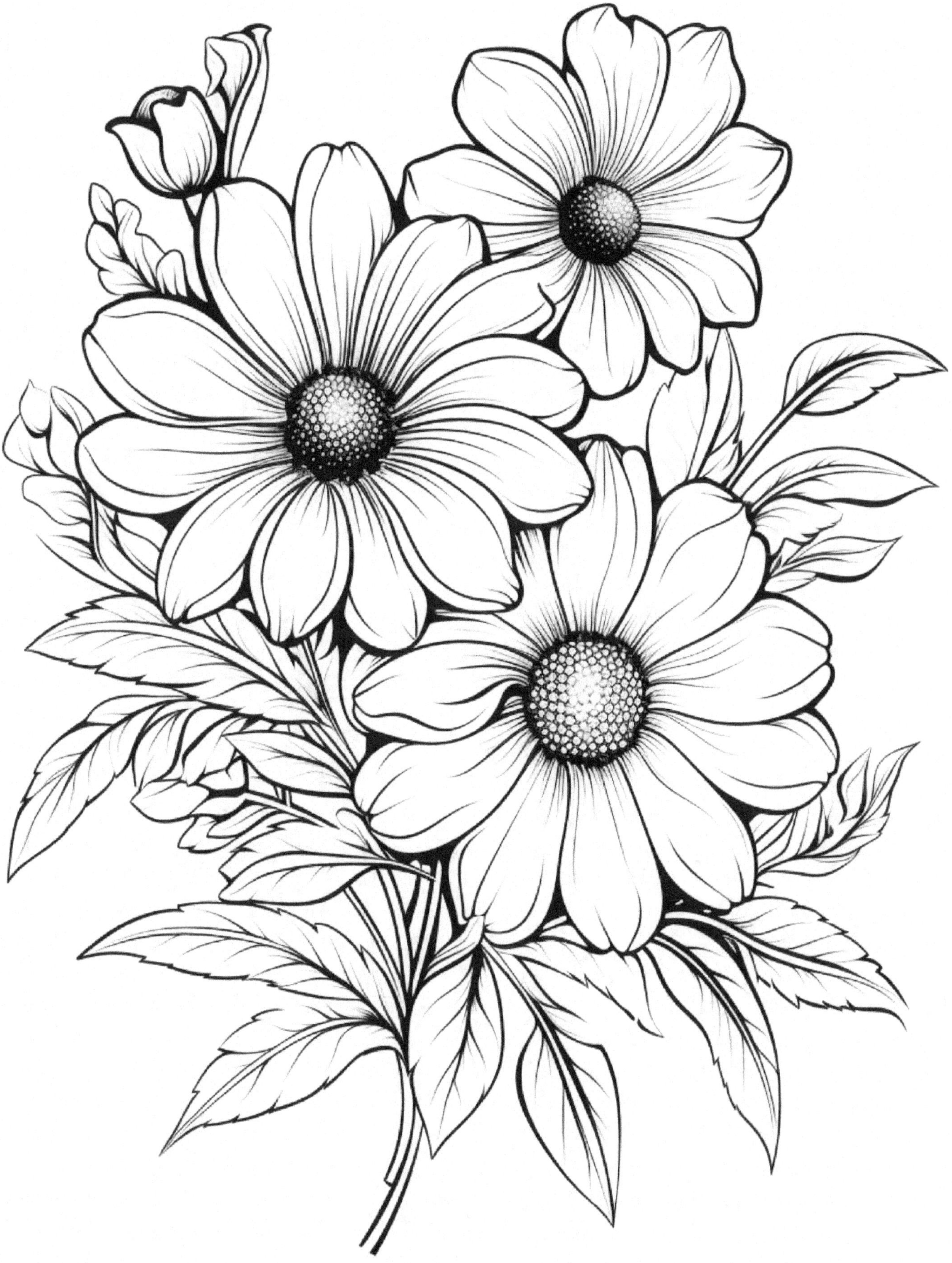

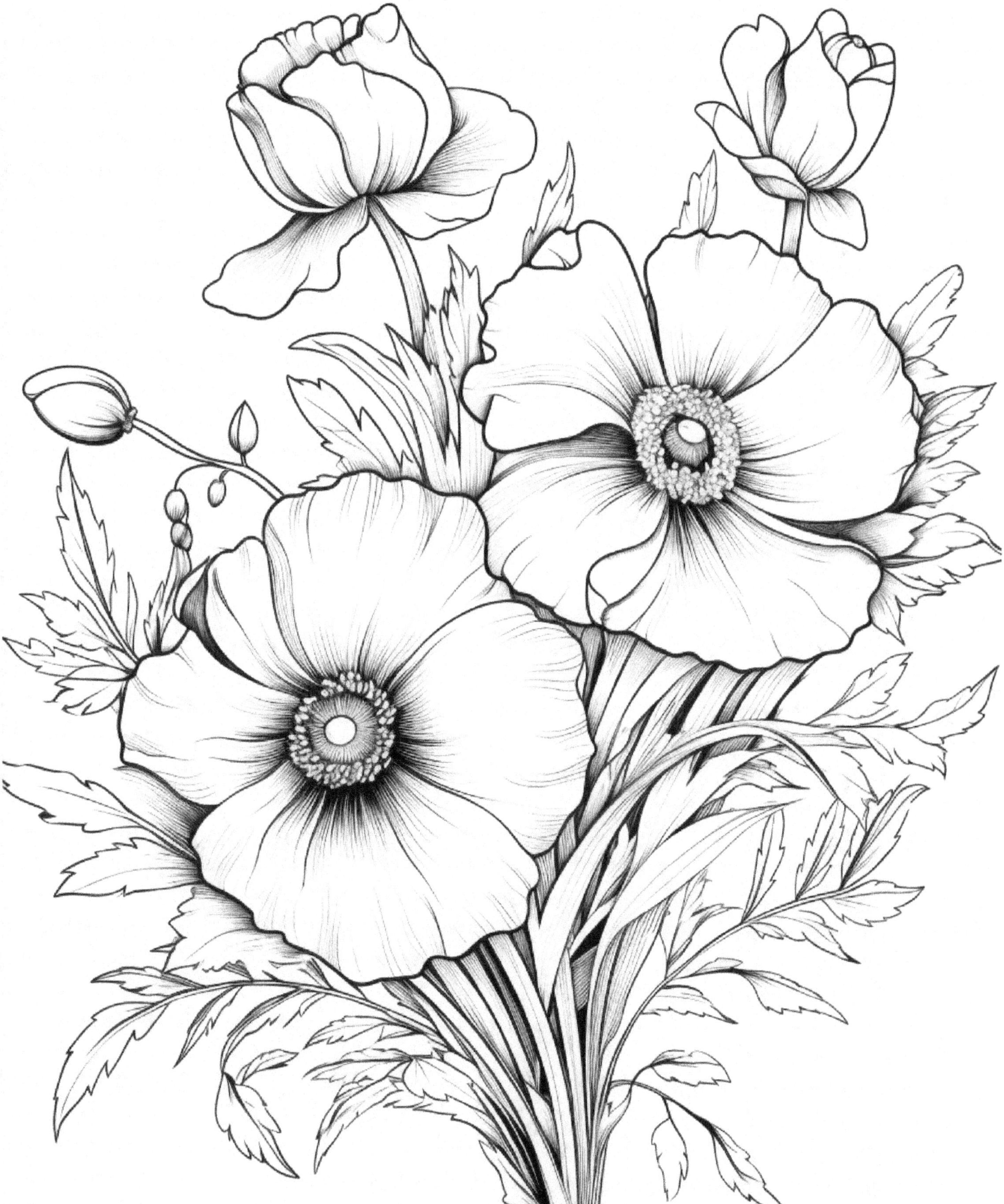

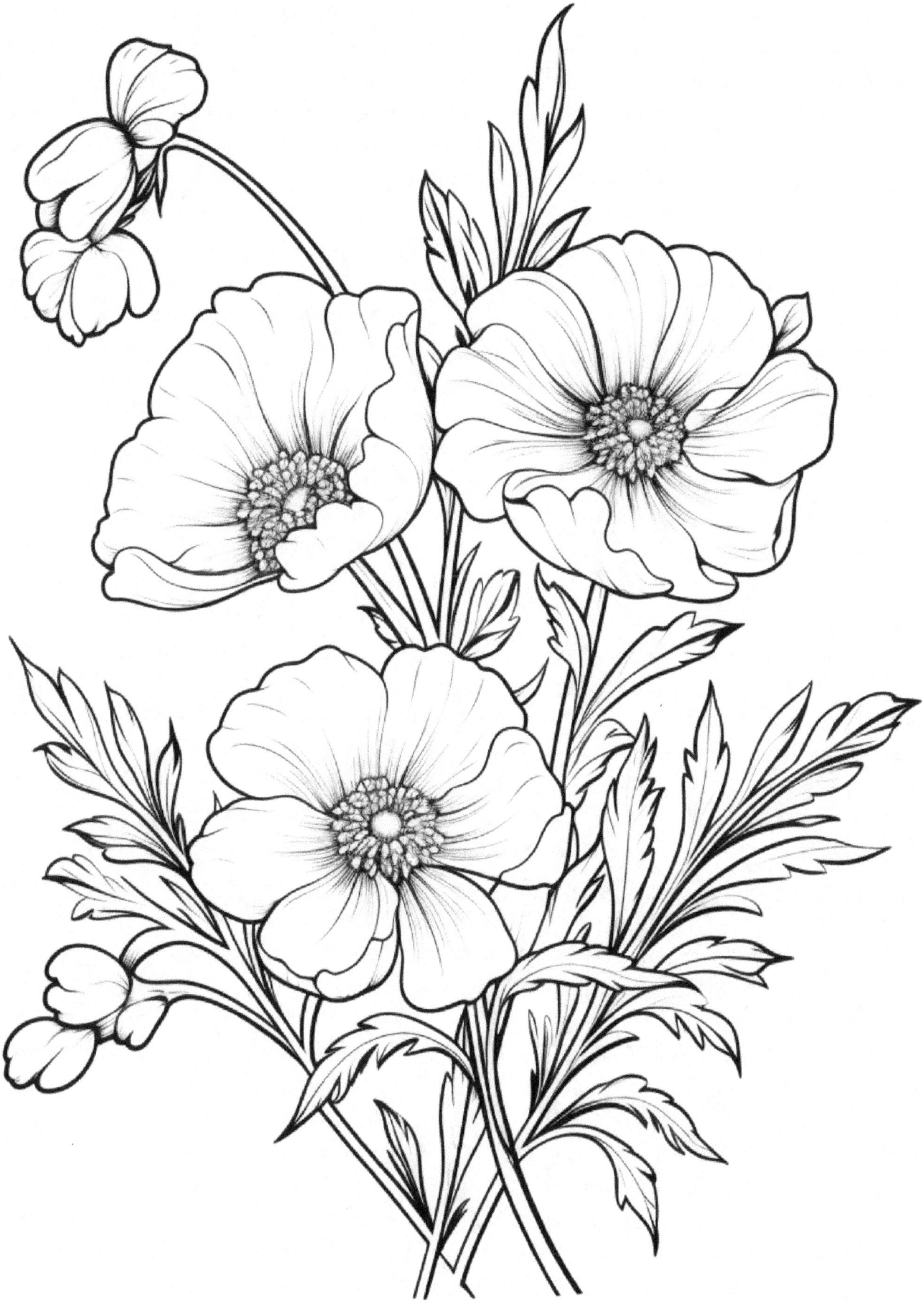

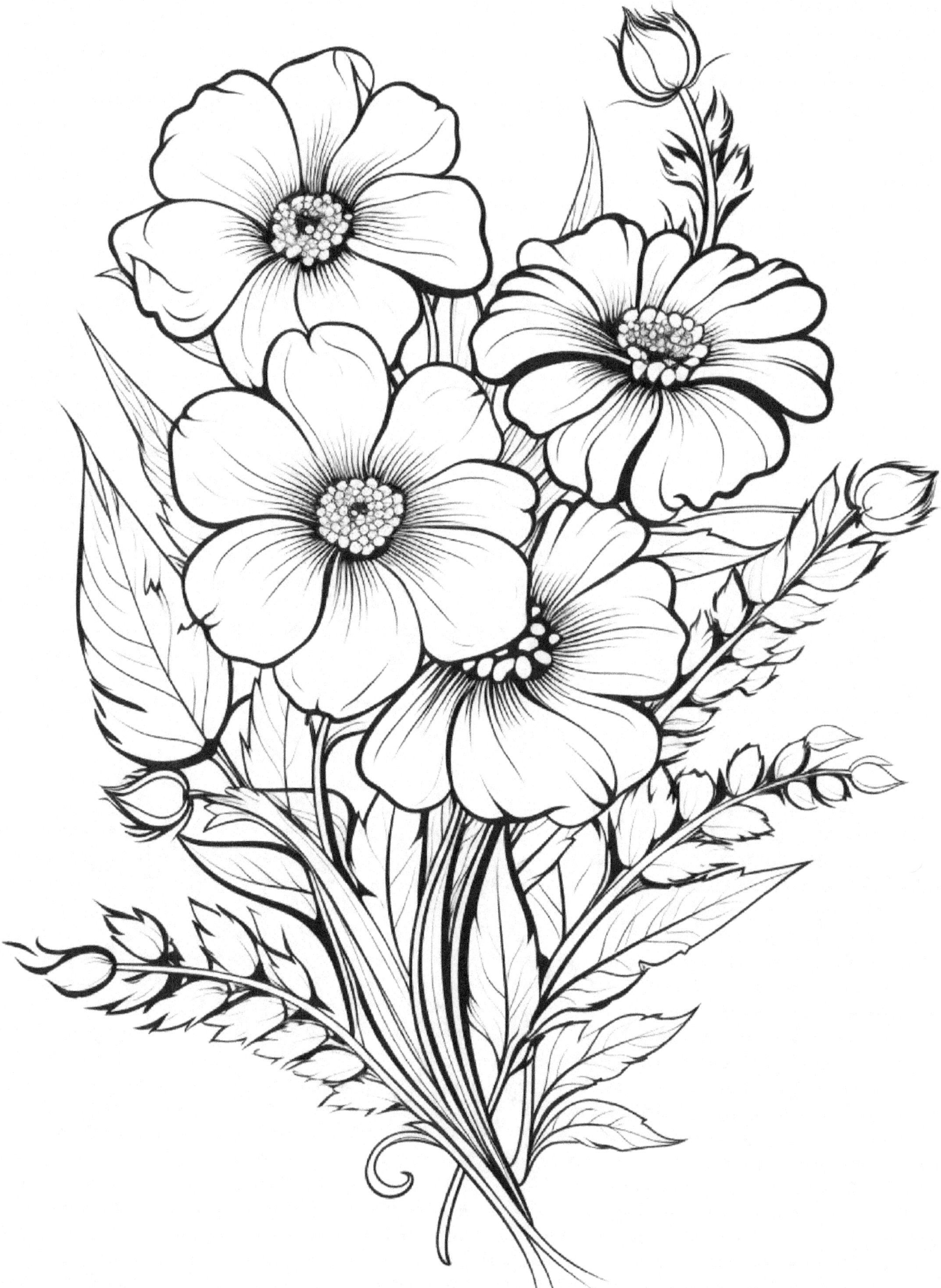

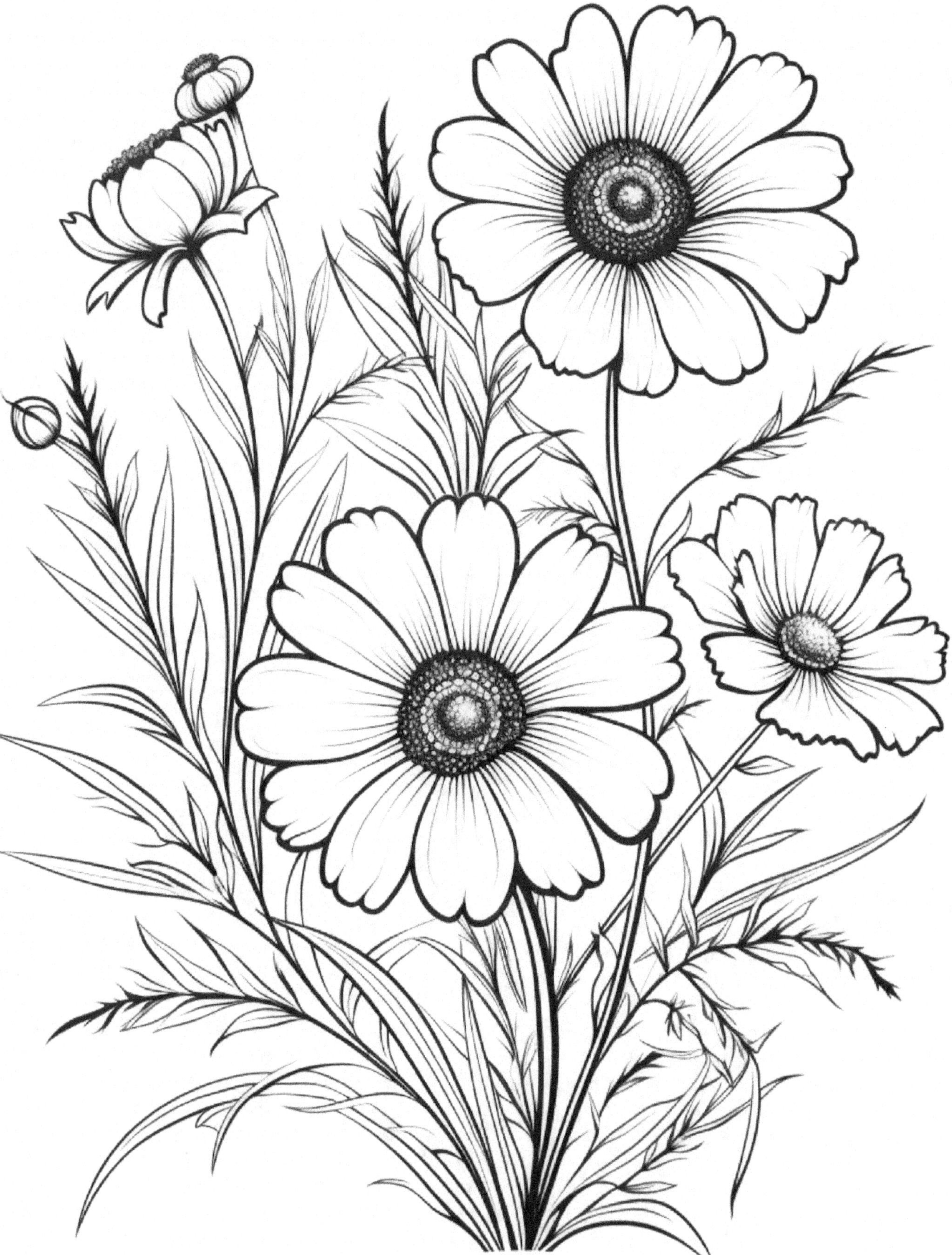

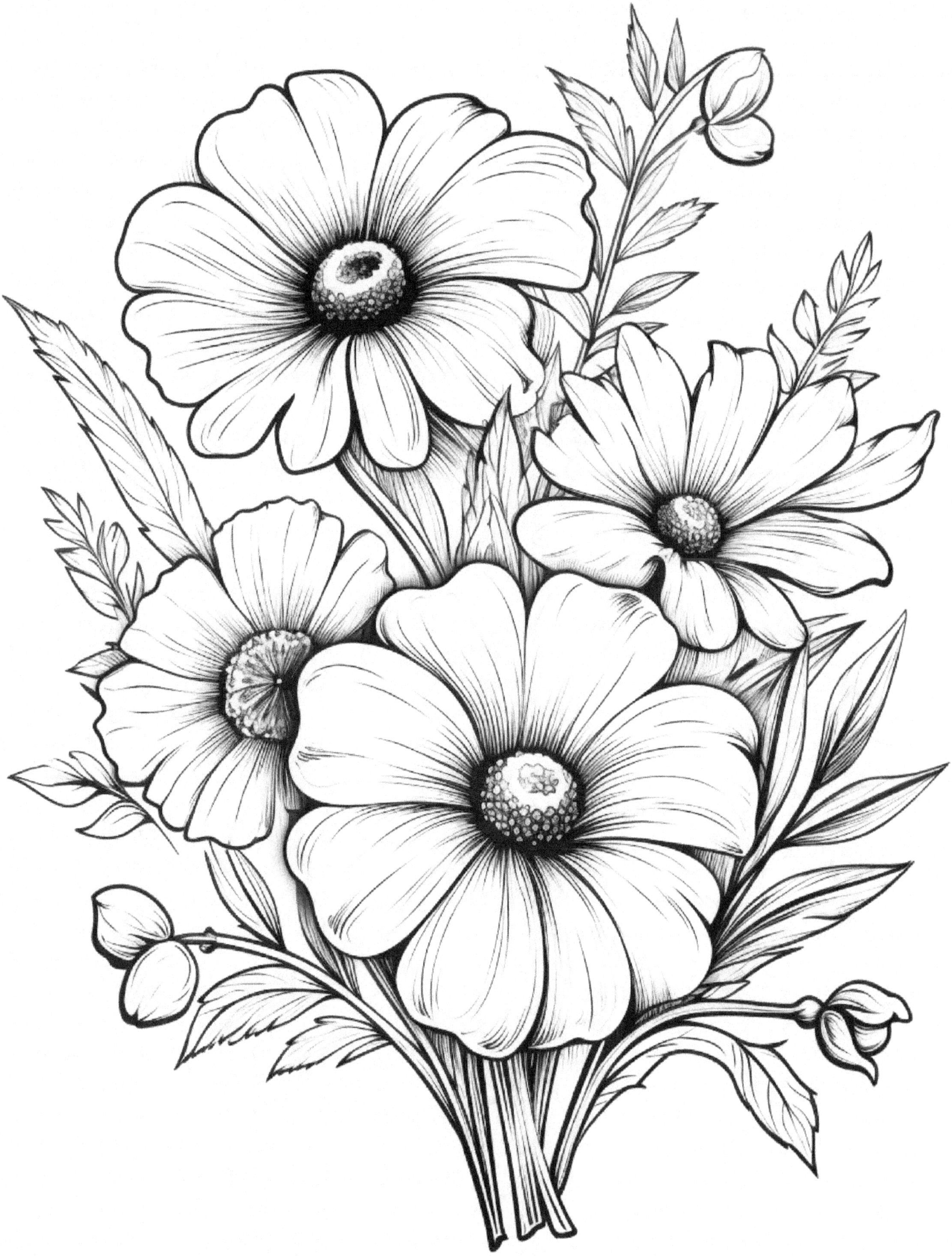

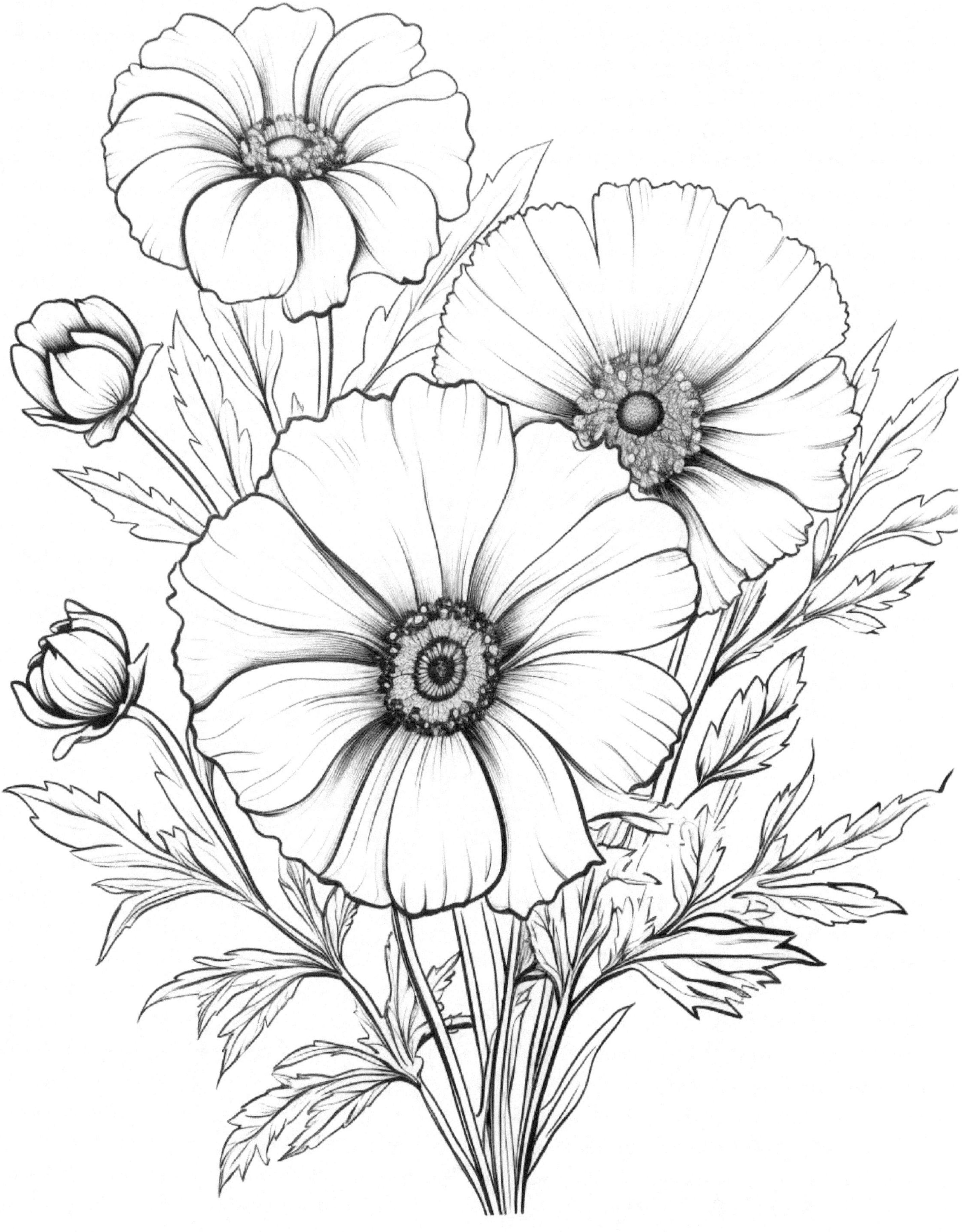

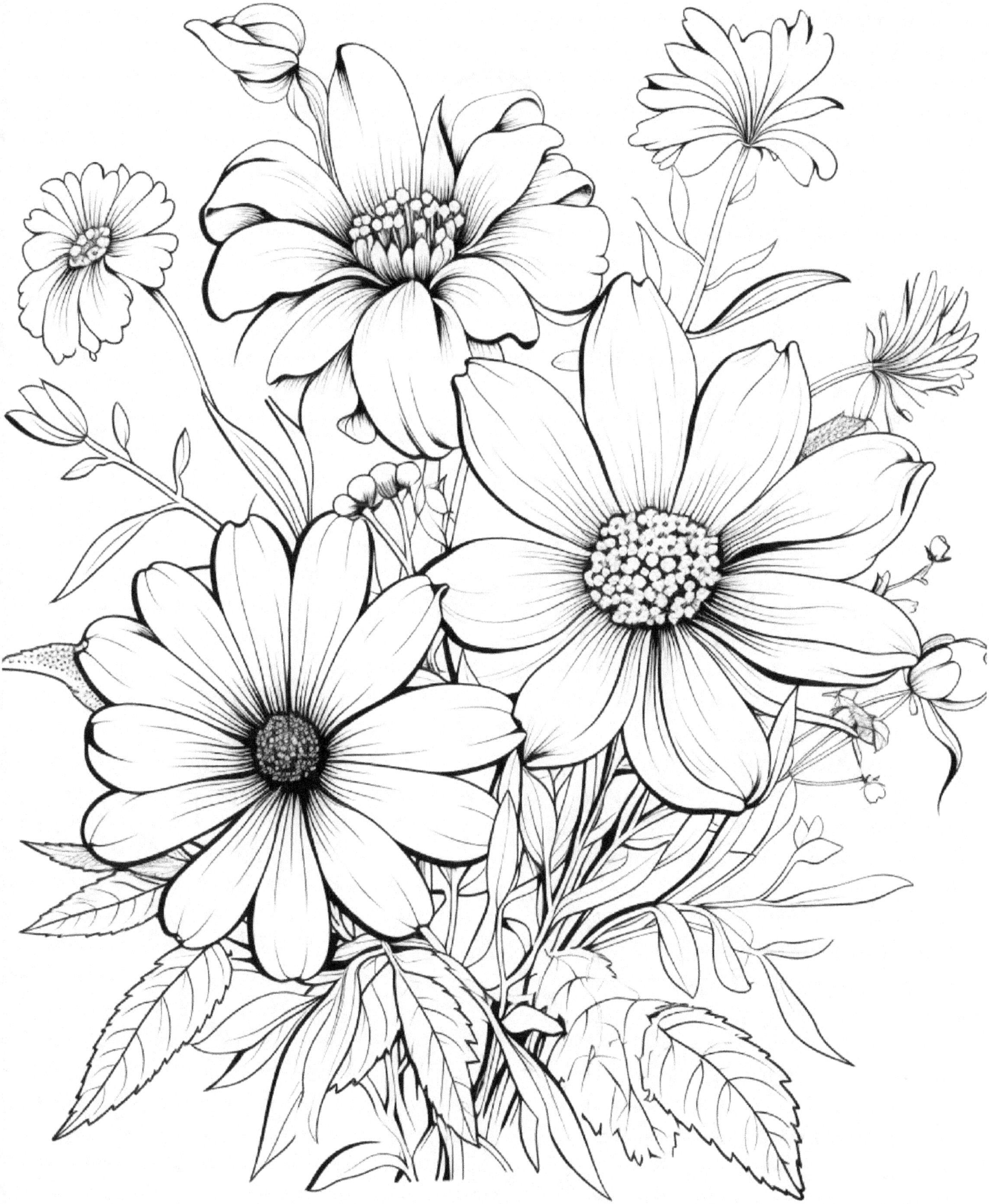

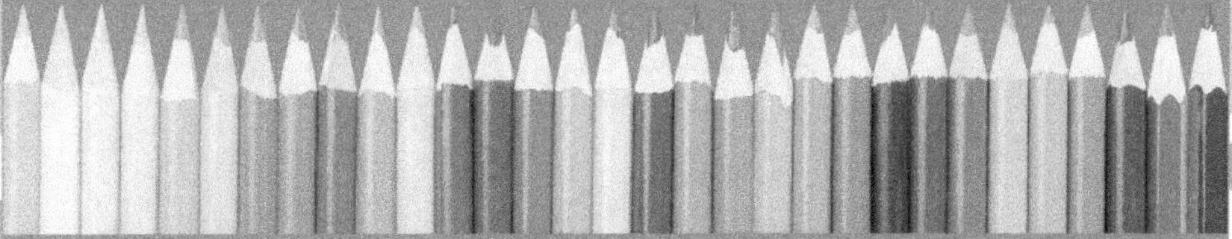

www.ingramcontent.com/pod-product-compliance
Lightning Source LLC
Chambersburg PA
CBHW080105010626
45794CB00015B/3128
* 9 7 9 8 8 7 0 3 2 0 0 3 8 *